Friedhelm Heitmann

Unterwegs in Europa

Materialien für den handlungs-
orientierten Erdkundeunterricht

Persen

Persen Verlag GmbH

Gedruckt auf umweltbewusst gefertigtem, chlorfrei gebleichtem
und alterungsbeständigem Papier.

3. Auflage 2007
Nach den seit 2006 amtlich gültigen Regelungen der Rechtschreibung

Grafik: Marion El-Khalafawi
Satz: MouseDesign Medien AG, Zeven

ISBN 978-3-8344-**3698**-6

www.persen.de

INHALTSVERZEICHNIS

Vorwort ... 4

1 Europäische Staaten und Hauptstädte ... 5

2 Brainstorming – Europa ... 6/7

3 Europa – ein Lückentext ... 8/9

4 Europa in Zahlen ... 10/11

5 Physische Geografie Europas ... 12–14

6 Klima Europas ... 15/16

7 **Temperaturen und Niederschläge**
Schätzungsspiel zum Klima in Europa ... 17–19

8 Bastelanleitungen zum Thema Wetter ... 20–22

9 Lage der Staaten Europas ... 23–25

10 Europäische Hauptstädte ... 26/27

11 **Rund um Europa**
Würfelspiel zu den Staaten Europas ... 28–30

12 **Wo kommst du her?**
Spiel zu den Kfz-Nationalitätskennzeichen ... 31/32

13 **Leg richtig an!**
Dominospiel zu den europäischen Staaten und Hauptstädten ... 33–41

14 Europa-Puzzle ... 42/43

15 Territoriale Gliederung Europas ... 44/45

16 **Sechs Teile Europas**
Quiz zur territorialen Gliederung Europas ... 46

17 Europa-Telegramm – Wie heißt der Staat? ... 47/48

18 **European Champion**
Erkennungsspiel zu den europäischen Staaten ... 49–56

19 **Europa von A bis Z**
Wissensspiel zu vielfältigen geografischen Phänomenen ... 57–60

20 **Tour d'Europe**
Quiz zum Erdkundewissen ... 61–65

21 **EU-Agent**
Quiz zur Europäischen Union ... 66/67

22 »Buenos dias« – Begrüßungen und Verabschiedungen ... 68/69

23 Pizzas, Tapas und mehr – Europa kulinarisch ... 70/71

24 Unterwegs in Europa – Sehenswürdigkeiten ... 72/73

25 Nachbarstaaten Deutschlands ... 74/75

26 **Erdkunde-Quartett**
Kartenspiel zu den Nachbarstaaten Deutschlands ... 76–83

27 Staaten im Vergleich ... 84–87

28 **Erdkunde-Führerschein**
Schriftliche Prüfung: Staaten, Hauptstädte und Inseln ... 88–91

VORWORT

Basiswissen Europa!
Dieser abwechslungsreiche Band bietet viele verschiedene Möglichkeiten, Europa handlungsorientiert kennenzulernen.

Die Schülerinnen und Schüler treten eine spielerische Reise durch Europa an oder entdecken den Kontinent mithilfe ansprechender Arbeitsblätter. Sie erarbeiten, wiederholen und festigen elementare geografische Grundkenntnisse. Lösungsblätter sowohl zu den Spielen als auch zu den Arbeitsblättern ermöglichen eine selbstständige Kontrolle des Wissens. Die Lösungshilfen dienen der Differenzierung. Sie können beim Vervielfältigen je nach Bedarf abgedeckt werden. Zu den Spielen gibt es kurze und leicht verständliche Regeln.

Doch wo lassen sich überhaupt die Grenzen Europas ziehen?
Während die nördliche, südliche und westliche Grenze genau zu bestimmen sind, gibt es für die physische Abgrenzung zwischen Europa und Asien keine eindeutige Definition.
Ebenso wenig ist die territoriale Gliederung Europas klar festgelegt.

Aus diesem Grund finden Sie auf der Seite 5 eine alphabetische Übersicht der in diesem Band angesprochenen Staaten. Die dazugehörigen Hauptstädte sowie die territoriale Zugehörigkeit der Staaten werden ebenso aufgeführt. Zusätzlich werden weitere geläufige Bezeichnungen der Staaten und Hauptstädte angegeben.

Dieser Band ist weitgehend auf der Grundlage der aktuellsten Auflage des Fischer Weltalmanachs aus dem Fischer Taschenbuch Verlag, Frankfurt/Main entstanden.

Aus Gründen der Übersichtlichkeit und besseren Lesbarkeit wird in diesem Band vorwiegend die männliche Form verwendet. Selbstverständlich sind damit ebenfalls alle **Schülerinnen, Spielerinnen** und **Lehrerinnen** angesprochen.

Erklärung der auf den Kopiervorlagen verwendeten Symbole:

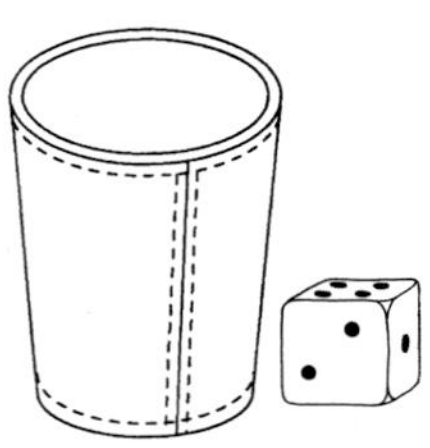

Spiel

Arbeitsblatt

1 Europäische Staaten und Hauptstädte

	Land	Hauptstadt	Lage in Europa
1	Albanien	Tirana	Südosteuropa
2	Andorra	Andorra la Vella	Westeuropa
3	Belgien	Brüssel	Westeuropa
4	Bosnien-Herzegowina	Sarajevo	Südosteuropa
5	Bulgarien	Sofia	Südosteuropa
6	Dänemark	Kopenhagen	Nordeuropa
7	Deutschland (Bundesrepublik Deutschland)	Berlin	Mitteleuropa
8	Estland	Tallinn (Reval)	Osteuropa
9	Finnland	Helsinki	Nordeuropa
10	Frankreich	Paris	Westeuropa
11	Griechenland	Athen	Südeuropa
12	Großbritannien (Großbritannien und Nordirland)	London	Westeuropa
13	Irland	Dublin	Westeuropa
14	Island	Reykjavik	Nordeuropa
15	Italien	Rom	Südeuropa
16	Kroatien	Zagreb	Südosteuropa
17	Lettland	Riga	Osteuropa
18	Liechtenstein	Vaduz	Mitteleuropa
19	Litauen	Vilnius (Wilna)	Osteuropa
20	Luxemburg	Luxemburg	Westeuropa
21	Makedonien (Mazedonien)	Skopje	Südosteuropa
22	Malta	Valletta	Südeuropa
23	Republik Moldau	Chisinau	Osteuropa

	Land	Hauptstadt	Lage in Europa
24	Monaco	Monaco-Ville	Westeuropa
25	Niederlande	Amsterdam	Westeuropa
26	Norwegen	Oslo	Nordeuropa
27	Österreich	Wien	Mitteleuropa
28	Polen	Warschau	Mitteleuropa
29	Portugal	Lissabon	Südeuropa
30	Rumänien	Bukarest	Südosteuropa
31	Russland	Moskau	Osteuropa (und Nordasien)
32	San Marino	San Marino	Südeuropa
33	Schweden	Stockholm	Nordeuropa
34	Schweiz	Bern	Mitteleuropa
35	Serbien und Montenegro	Belgrad	Südosteuropa
36	Slowakei	Bratislava (Pressburg)	Mitteleuropa
37	Slowenien	Ljubljana (Laibach)	Südosteuropa
38	Spanien	Madrid	Südeuropa
39	Tschechien (Tschechische Republik)	Prag	Mitteleuropa
40	Türkei	Ankara	Südeuropa (und Vorderasien)
41	Ukraine	Kiew	Osteuropa
42	Ungarn	Budapest	Südosteuropa
43	Vatikanstadt	Vatikanstadt*	Südeuropa
44	Weißrussland	Minsk	Osteuropa
45	Zypern	Nikosia	Südeuropa

* (Das Staatsgebiet liegt im Stadtgebiet von Rom)

2 Brainstorming – Europa

Notiere möglichst viele europabezogene Begriffe, die mit »Eur...« beginnen. *

BEGRIFF	KURZBESCHREIBUNG	P.
Eur		
Eur		
NAME:	**GESAMTPUNKTZAHL:**	

* Je nach Belieben lässt sich das Brainstorming auch als Spiel gestalten (jeder richtige Begriff = 1 Punkt).

Brainstorming – Europa – Lösungsbeispiele

BEGRIFF	KURZBESCHREIBUNG
Europäische Union	EU – Verbund europäischer Staaten
Europäischer Rat	oberste Instanz der EU
Europäisches Parlament	direkt gewählte Volksvertretung der EU
Europäische Kommission	Exekutivorgan der EU (»Hüterin der Verträge«)
Europäischer Gerichtshof	Judikative der EU
Europäischer Rechnungshof	Kontrolle der Haushaltsführung der EU
Europäische Zentralbank	überwacht das Europäische Währungssystem
Europapokal	europäische Sporttrophäe, besonders im Fußball
Europameisterschaft	Wettkampf europäischer Sportler, u. a. Fußballeuropameisterschaft
Europarekord	meist sportliche Rekorde europäischer Wettkämpfe
Eurasien	Doppelkontinent Europa/Asien
Eurotunnel	Tunnel unter dem Ärmelkanal zwischen Frankreich und Großbritannien
Euro	Europäische Währungseinheit
Eurodollars	Dollarguthaben in Europa
Europide	Angehörige(r) des europiden Rassenkreises
Eurocityzug	europaweit verkehrender Intercityzug
Eurokommunismus	westeuropäische Richtung des Kommunismus
Eurovision	Organisation zur gemeinsamen Veranstaltung von Fernsehsendungen
EUREKA (European Research Coordination Agency)	Europäische Behörde für Zusammenarbeit in der Forschung
European Space Agency	Europäische Weltraumagentur = ESA
Euro-Lotto	Glücksspiel
Europa-Insel	Insel westlich von Madagaskar
Europabrücke	Brücke über das Wipptal südlich von Innsbruck
Europäische Freihandelsassoziation	EFTA = lose Freihandelszone
Euratom	Europäische Atomgemeinschaft
Europaflagge	Flagge des Europarates
Europoort	Hafen in Rotterdam
Europäisches Nordmeer	Arm des Nordatlantiks

3 Europa – ein Lückentext

Europa ist der __________ Erdteil der Erde. Zusammen mit Asien bildet Europa den Doppelkontinent __________. Als herkömmliche natürliche Grenze zwischen Europa und Asien gelten grob gesehen: beginnend im Nord-Osten das Gebirge __________, nach Süden anschließend der Fluss __________, das __________ Meer, die __________niederung, das __________ Meer und die Meerenge __________ bis hin zum __________ Meer. Von Afrika wird Europa durch das __________meer und die Meerenge Straße von __________ getrennt.

Europa ist durch die Natur sehr stark gegliedert. Etwa __________ Drittel der Fläche wird von Inseln und Halbinseln eingenommen. Meere, Seen und Flüsse tragen zur starken Gliederung Europas bei. Der __________see in Russland ist der größte europäische Binnensee, die __________ der längste Fluss. Das höchste europäische Hochgebirge sind die __________. Zu diesem Gebirge gehört der höchste Berg Europas, der __________ (Höhe: ca. __________ m).

Europa erstreckt sich über vier verschiedene Klimazonen. Im äußersten Norden Europas die __________ Klimazone, südlich davon die __________ Klimazone, im zentralen Bereich die __________ Klimazone und im Süden Europas die __________ Klimazone.

Die vier Hauptvegetationszonen Europas sind von Norden nach Süden gesehen: __________

____

__________.

Europa umfasst _____ politisch selbstständige Staaten. Der größte Staat Europas – dessen größte Fläche aber nicht zu Europa, sondern zum Erdteil __________ gehört – ist __________. Der kleinste Staat Europas, und zugleich der Erde, heißt __________. Dieser Staat liegt innerhalb der italienischen Hauptstadt __________.

Lösungshilfe – einzusetzende Textbestandteile in alphabetischer Reihenfolge
Ägäischen, Alpen, Asien, borealer Nadelwald (Taiga), Bosporus, ein, Eurasien, gemäßigte, Gibraltar, Hartlaubgehölze, Kaspische, Ladoga, Manytsch, Mittel, Montblanc, polare, Rom, Russland, Schwarze, sommergrüne Laub- und Mischwälder, subpolare, subtropische, Tundra, Ural, Ural, Vatikanstadt, 4 807, 45, Wolga, zweitkleinste

Europa – ein Lückentext – Lösungen

Europa ist der *zweitkleinste* Erdteil der Erde. Zusammen mit Asien bildet Europa den Doppelkontinent *Eurasien*. Als herkömmliche natürliche Grenze zwischen Europa und Asien gelten grob gesehen: beginnend im Nord-Osten das Gebirge *Ural*, nach Süden anschließend der Fluss *Ural*, das *Kaspische* Meer, die *Manytsch*niederung, das *Schwarze* Meer und die Meerenge *Bosporus* bis hin zum *Ägäischen* Meer. Von Afrika wird Europa durch das *Mittel*meer und die Meerenge Straße von *Gibraltar* getrennt.

Europa ist durch die Natur sehr stark gegliedert. Etwa *ein* Drittel der Fläche wird von Inseln und Halbinseln eingenommen. Meere, Seen und Flüsse tragen zur starken Gliederung Europas bei. Der *Ladoga*see in Russland ist der größte europäische Binnensee, die *Wolga* der längste Fluss. Das höchste europäische Hochgebirge sind die *Alpen*. Zu diesem Gebirge gehört der höchste Berg Europas, der *Montblanc* (Höhe: ca. *4 807* m).

Europa erstreckt sich über vier verschiedene Klimazonen. Im äußersten Norden Europas die *polare* Klimazone, südlich davon die *subpolare* Klimazone, im zentralen Bereich die *gemäßigte* Klimazone und im Süden Europas die *subtropische* Klimazone.

Die vier Hauptvegetationszonen Europas sind von Norden nach Süden gesehen: *Tundra, borealer Nadelwald (Taiga), sommergrüne Laub- und Mischwälder, Hartlaubgehölze*.

Europa umfasst *45* politisch selbstständige Staaten. Der größte Staat Europas – dessen größte Fläche aber nicht zu Europa, sondern zum Erdteil *Asien* gehört – ist *Russland*. Der kleinste Staat Europas, und zugleich der Erde, heißt *Vatikanstadt*. Dieser Staat liegt innerhalb der italienischen Hauptstadt *Rom*.

4 Europa in Zahlen

Ordne die Zahlen* richtig zu!

0,44 | 45 | 69,5 | 290 | 3 350 | 3 700

4 000 | 4 807 | 5 000 | 18 000 | 37 200 | 219 000

4 500 000 | 9 000 000 | 10 500 000 | 730 000 000

Flächengröße Europas (in km^2)	
Zahl der Einwohner	
Bevölkerungsdichte (Einw./km^2)	
Einwohnerzahl der bevölkerungsreichsten Stadt	
Anzahl der Staaten	
Flächengröße des größten europäischen Staates (in km^2)	
Flächengröße des kleinsten europäischen Staates (in km^2)	
Größte Nord-Süd-Ausdehnung Europas (in km)	
Größte West-Ost-Ausdehnung Europas (in km)	
Küstenlänge Europas (in km)	
Flächengröße der größten Insel (in km^2)	
Flächengröße des größten Binnensees (in km^2)	
Länge des längsten Flusses (in km)	
Höhe des höchsten Vulkans (in m)	
Höhe des höchsten Berges (in m)	
Mittlere Höhenlage (in m)	

* Es handelt sich überwiegend um gerundete Angaben.

Europa in Zahlen – Lösungen

Flächengröße Europas (in km²)	*10 500 000*
Zahl der Einwohner	*730 000 000*
Bevölkerungsdichte (Einw./km²)	*69,5*
Einwohnerzahl der bevölkerungsreichsten Stadt	*9 000 000 (Moskau)*
Anzahl der Staaten	*45 (Russland und Türkei nur z. T.)*
Flächengröße des größten europäischen Staates (in km²)	*4 500 000 (europäischer Teil Russlands)*
Flächengröße des kleinsten europäischen Staates (in km²)	*0,44 (Vatikanstadt)*
Größte Nord-Süd-Ausdehnung Europas (in km)	*4 000*
Größte West-Ost-Ausdehnung Europas (in km)	*5 000*
Küstenlänge Europas (in km)	*37 200*
Flächengröße der größten Insel (in km²)	*219 000 (Große Britische Insel)*
Flächengröße des größten Binnensees (in km²)	*18 000 (Ladogasee)*
Länge des längsten Flusses (in km)	*3 700 (Wolga)*
Höhe des höchsten Vulkans (in m)	*3 350 (Ätna)*
Höhe des höchsten Berges (in m)	*4 807 (Montblanc)*
Mittlere Höhenlage (in m)	*290*

Es handelt sich überwiegend um gerundete Angaben.

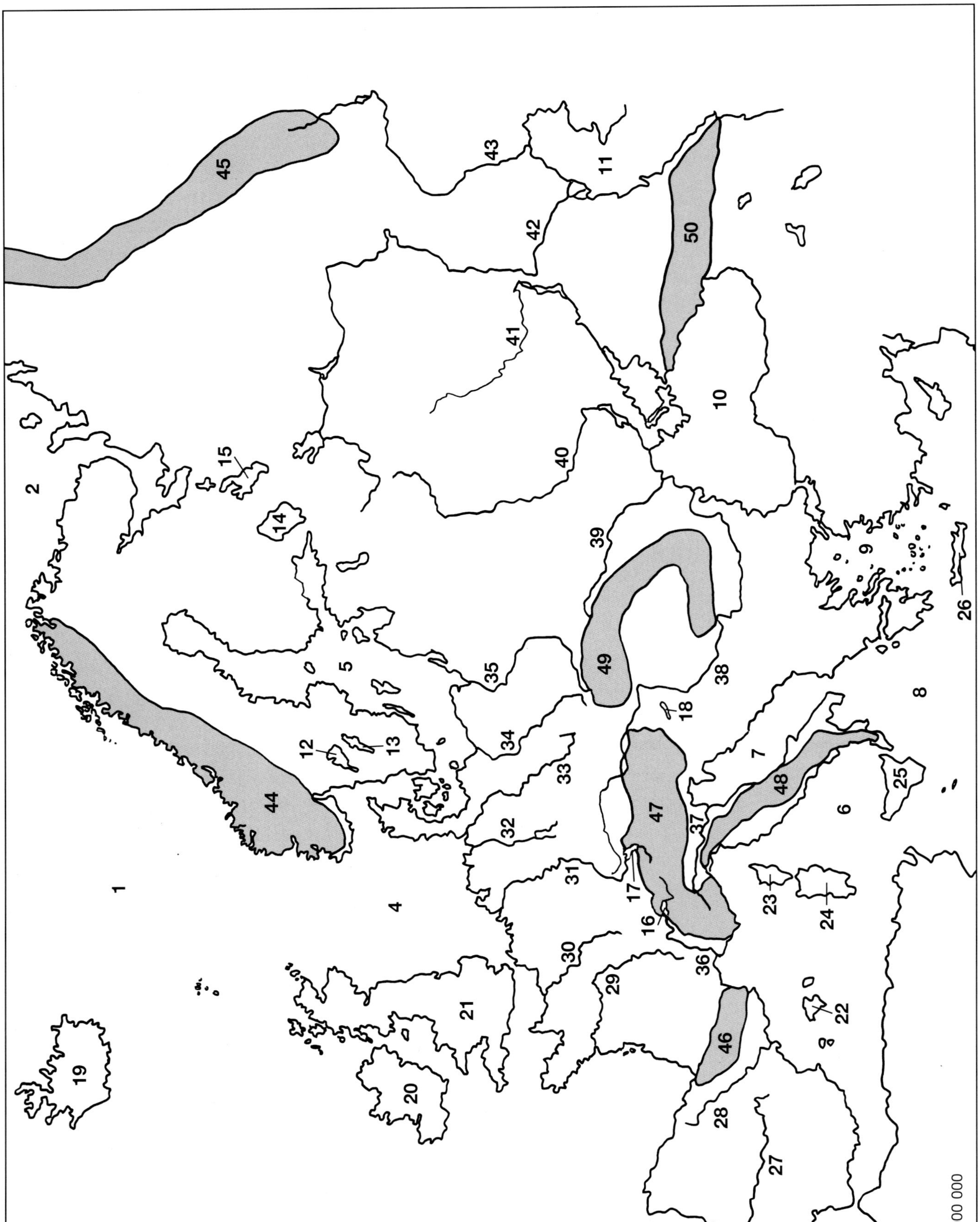
1
2
3
4
5
6
7
8
9
10
11
12
13
14
15
16
17
18
19
20
21
22
23
24
25
26
27
28
29
30
31
32
33
34
35
36
37
38
39
40
41
42
43
44
45
46
47
48
49
50
Maßstab ~ 1 : 22 000 000

Physische Geografie Europas

Betrachte die Europakarte (siehe Seite 12) und notiere die Namen der dort nummerierten geografischen Phänomene.

NR.	GEOGRAFISCHES PHÄNOMEN	NR.	GEOGRAFISCHES PHÄNOMEN
1	(Meer)	2	(Meer)
3	(Ozean)	4	(Meer)
5	(Meer)	6	(Meer)
7	(Meer)	8	(Meer)
9	(Meer)	10	(Meer)
11	(Binnensee)	12	(Binnensee)
13	(Binnensee)	14	(Binnensee)
15	(Binnensee)	16	(Binnensee)
17	(Binnensee)	18	(Binnensee)
19	(Insel)	20	(Insel)
21	(Insel)	22	(Insel)
23	(Insel)	24	(Insel)
25	(Insel)	26	(Insel)
27	(Fluss)	28	(Fluss)
29	(Fluss)	30	(Fluss)
31	(Fluss)	32	(Fluss)
33	(Fluss)	34	(Fluss)
35	(Fluss)	36	(Fluss)
37	(Fluss)	38	(Fluss)
39	(Fluss)	40	(Fluss)
41	(Fluss)	42	(Fluss)
43	(Fluss)	44	(Gebirge)
45	(Gebirge)	46	(Gebirge)
47	(Gebirge)	48	(Gebirge)
49	(Gebirge)	50	(Gebirge)

Physische Geografie Europas – Lösungen

NR.	GEOGRAFISCHES PHÄNOMEN	NR.	GEOGRAFISCHES PHÄNOMEN
1	*Europäisches Nordmeer* (Meer)	2	*Barentssee* (Meer)
3	*Atlantischer Ozean* (Ozean)	4	*Nordsee* (Meer)
5	*Ostsee* (Meer)	6	*Tyrrhenisches Meer* (Meer)
7	*Adriatisches Meer* (Meer)	8	*Ionisches Meer* (Meer)
9	*Ägäisches Meer* (Meer)	10	*Schwarzes Meer* (Meer)
11	*Kaspisches Meer* (Binnensee)	12	*Vänersee* (Binnensee)
13	*Vättersee* (Binnensee)	14	*Ladogasee* (Binnensee)
15	*Onegasee* (Binnensee)	16	*Genfer See* (Binnensee)
17	*Bodensee* (Binnensee)	18	*Plattensee* (Binnensee)
19	*Island* (Insel)	20	*Irland* (Insel)
21	*Großbritannien (Hauptinsel)* (Insel)	22	*Mallorca* (Insel)
23	*Korsika* (Insel)	24	*Sardinien* (Insel)
25	*Sizilien* (Insel)	26	*Kreta* (Insel)
27	*Tajo (Tejo)* (Fluss)	28	*Ebro* (Fluss)
29	*Loire* (Fluss)	30	*Seine* (Fluss)
31	*Rhein* (Fluss)	32	*Weser* (Fluss)
33	*Elbe* (Fluss)	34	*Oder* (Fluss)
35	*Weichsel* (Fluss)	36	*Rhône* (Fluss)
37	*Po* (Fluss)	38	*Donau* (Fluss)
39	*Dnjestr* (Fluss)	40	*Dnjepr* (Fluss)
41	*Don* (Fluss)	42	*Wolga* (Fluss)
43	*Ural* (Fluss)	44	*Skanden (Skandinav. Gebirge)* (Gebirge)
45	*Uralgebirge* (Gebirge)	46	*Pyrenäen* (Gebirge)
47	*Alpen* (Gebirge)	48	*Apenninen* (Gebirge)
49	*Karpaten* (Gebirge)	50	*Kaukasus* (Gebirge)

6 Klima Europas

1. Ordne die Begriffe richtig zu.

Klima	▷	augenblicklicher Zustand der Atmosphäre an einem bestimmten Ort und zu einem bestimmten Zeitpunkt
Wetter	▷	Wetterablauf über einen zumindest mehrere Tage dauernden Zeitraum an einem Ort oder in einer Region
Witterung	▷	durchschnittlicher Zustand aller Witterungserscheinungen eines Ortes oder eines Gebietes über einen längeren Zeitraum (gewöhnlich ein Jahr)

2. Ordne die vier europäischen Hauptklimazonen zu.

gemäßigte Zone	▷	sehr kalt; (fast) ständig Eis und Schnee; lange, dunkle Winter
subtropische Zone	▷	kalt; relativ lange Winter; sehr kurze Sommer
subpolare Zone	▷	keine bzw. kaum extreme Temperaturen; kalte bis milde Winter; kühle bis warme Sommer
polare Zone	▷	warme bis heiße trockene Sommer; milde Winter mit Niederschlägen

3. Im westlichen Bereich Europas herrscht das Seeklima (maritimes Klima) vor, im östlichen Bereich das Landklima (kontinentales Klima). Ordne die nachfolgenden Begriffe in die Tabelle ein.

geringe Niederschläge | milde Winter | kalte Winter | kurze Vegetationsperioden

kühle bis warme Sommer | hohe Niederschläge | große Temperaturschwankungen

geringe Temperaturschwankungen | lange Vegetationsperioden | heiße Sommer

MARITIMES KLIMA	KONTINENTALES KLIMA

Klima Europas – Lösungen

1. Ordne die Begriffe richtig zu.

Klima	augenblicklicher Zustand der Atmosphäre an einem bestimmten Ort und zu einem bestimmten Zeitpunkt
Wetter	Wetterablauf über einen zumindest mehrere Tage dauernden Zeitraum an einem Ort oder in einer Region
Witterung	durchschnittlicher Zustand aller Witterungserscheinungen eines Ortes oder eines Gebietes über einen längeren Zeitraum (gewöhnlich ein Jahr)

2. Ordne die vier europäischen Hauptklimazonen zu.

gemäßigte Zone	sehr kalt; (fast) ständig Eis und Schnee; lange, dunkle Winter
subtropische Zone	kalt; relativ lange Winter; sehr kurze Sommer
subpolare Zone	keine bzw. kaum extreme Temperaturen; kalte bis milde Winter; kühle bis warme Sommer
polare Zone	warme bis heiße trockene Sommer; milde Winter mit Niederschlägen

3. Im westlichen Bereich Europas herrscht das Seeklima (maritimes Klima) vor, im östlichen Bereich das Landklima (kontinentales Klima). Ordne die nachfolgenden Begriffe in die Tabelle ein.

~~geringe Niederschläge~~ ~~milde Winter~~ ~~kalte Winter~~ ~~kurze Vegetationsperioden~~

~~kühle bis warme Sommer~~ ~~hohe Niederschläge~~ ~~große Temperaturschwankungen~~

~~geringe Temperaturschwankungen~~ ~~lange Vegetationsperioden~~ ~~heiße Sommer~~

MARITIMES KLIMA	KONTINENTALES KLIMA
hohe Niederschläge	*geringe Niederschläge*
kühle bis warme Sommer	*heiße Sommer*
milde Winter	*kalte Winter*
geringe Temperaturschwankungen	*große Temperaturschwankungen*
lange Vegetationsperioden	*kurze Vegetationsperioden*

7 Temperaturen und Niederschläge

Schätzungsspiel zum Klima in Europa

Spielerzahl

ab 2 Personen (oder Teams)

Spielmaterialien

je Spieler: 1 Spielplan (Seite 18), 1 Stift, evtl. 1 Atlas oder 1 große Europakarte
Spielleiter: 1 Lösungsbogen (Seite 19), Stift und Papier bzw. Kreide und Wandtafel

Spielregeln

Die Spieler schätzen die durchschnittliche Jahrestemperatur und die Jahresniederschlagsmenge von zwanzig europäischen Orten. Als Hilfsmittel können Atlanten zur Verfügung gestellt werden oder es wird eine Europakarte gezeigt.

Die Spieler notieren die geschätzten Werte in ihren Spielplänen. Anschließend gibt der Spielleiter die richtigen Werte bekannt, und die Differenzen zwischen den geschätzten und den tatsächlichen Zahlen werden berechnet. Je nach Differenz werden die Minuspunkte vergeben (z. B. Differenz 3 °C $\hat{=}$ 3 Minuspunkte) und getrennt nach Kategorien addiert. So erhält jeder Spieler einen Gesamtwert der Minuspunkte jeweils für die Jahresdurchschnittstemperatur und für die Jahresniederschlagsmenge.

Spielsieg

Gewonnen hat, wer am wenigsten Minuspunkte in einer Kategorie gesammelt hat. Es kann also mehrere Gewinner – so viele wie Kategorien – geben.

Spielvariationen

- Schätzungen der durchschnittlichen Jahrestemperatur und Jahresniederschlagsmenge anderer Orte.
- Schätzungen hinsichtlich anderer Kategorien, z. B. mittlere Temperatur im Januar und im Juli, Sonnenstunden, Luftfeuchtigkeit, ...

Übrigens: Im Anschluss an das Spiel bietet es sich an zu besprechen, worauf die Unterschiede der Temperaturwerte und Niederschlagsmengen zurückzuführen sind. Dabei sind u. a. die Auswirkungen des Golfstromes, die Merkmale des maritimen und des kontinentalen Klimas, verschiedene Breitengrade und das Phänomen des Steigungsregens anzusprechen.

Temperaturen und Niederschläge

ORT	STAAT	DURCHSCHNITTLICHE JAHRESTEMPERATUR (°C)			JAHRESNIEDERSCHLÄGE (mm)		
		ge-schätzt	tat-sächlich	Minus-punkte	ge-schätzt	tat-sächlich	Minus-punkte
Spitzbergen							
Bergen							
London							
Dublin							
Reykjavik							
Bordeaux							
Madrid							
Gibraltar							
Hamburg							
Berlin							
Dresden							
Stuttgart							
Zugspitze							
Belgrad							
Pomézia							
Athen							
Odessa							
Moskau							
Tallinn							
Murmansk							
NAME(N):		**GESAMT-MINUSPUNKTE:**			**GESAMT-MINUSPUNKTE:**		
		SPIELER-PLATZIERUNG:			**SPIELER-PLATZIERUNG:**		

Temperaturen und Niederschläge – Lösungen

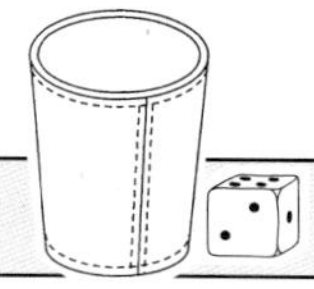

MESSSTATION/STAAT	Durchschnittliche Jahrestemperatur (°C), 2002	Abweichung vom vieljährigen Mittel	Durchschnittliche Monatstemperatur (°C), Jan. 2002	Abweichung vom vieljährigen Mittel	Durchschnittliche Monatstemperatur (°C), Juli 2002	Abweichung vom vieljährigen Mittel	Jahresniederschlag (mm), im Jahr 2002	Abweichung vom vieljährigen Mittel
Spitzbergen/Norwegen	-4,3	+2,1	-12,7	+2,7	7,1	+1,1	192	+9
Bergen/Norwegen	8,7	+1,0	3,8	+2,3	15,2	+0,2	2 031	+73
London/Großbritannien	12,1	+1,6	6,9	+2,7	17,9	+0,1	786	+187
Dublin/Irland	9,9	+0,4	6,8	+1,7	14,4	-0,6	1 096	+365
Reykjavik/Island	5,4	+1,0	1,4	+1,9	10,6	0,0	916	+116
Bordeaux/Frankreich	14,0	+1,2	7,8	+2,0	19,7	-0,5	723	-200
Madrid/Spanien	15,2	+0,8	7,2	+1,2	24,8	+0,4	502	+47
Gibraltar/brit. Kronkolonie im Süden Spaniens	18,6	+0,4	15,0	+1,6	24,0	+0,3	952	+177
Hamburg/Deutschland	9,8	+1,2	3,6	+3,1	17,6	+0,8	980	+210
Berlin/Deutschland	10,2	+0,8	2,2	+2,4	19,6	+0,8	738	+154
Dresden/Deutschland	9,8	+0,9	1,1	+1,8	19,2	+1,2	789	+122
Stuttgart/Deutschland	15,1	+1,5	-0,4	0,0	17,9	+0,2	1 107	+388
Zugspitze/Deutschland	-3,5	+1,3	-8,5	+2,7	3,4	+1,2	2 226	+223
Belgrad/Serbien und Montenegro	13,7	+1,8	1,2	+0,8	24,2	+2,5	596	-88
Pomézia/Italien	16,7	+1,7	7,0	-1,4	24,1	+1,6	547	-273
Athen/Griechenland	18,9	+0,5	8,5	-1,7	29,5	+1,7	543	+172
Odessa/Ukraine	11,5	+1,4	-1,0	+0,7	25,6	+4,1	425	-39
Moskau/Russland	6,2	+1,2	-4,8	+4,5	22,6	+4,5	534	-154
Tallinn/Estland	6,3	+1,2	-1,8	+3,7	18,8	+2,5	537	-130
Murmansk/Russland	-0,1	0,0	-9,6	+2,1	14,3	+1,5	492	+14

Für das vieljährliche Mittel ist der Bezugszeitraum 1961-1990; Angaben des Deutschen Wetterdienstes (Hamburg).

I. Herstellung eines Windpfeils

Querschnitt

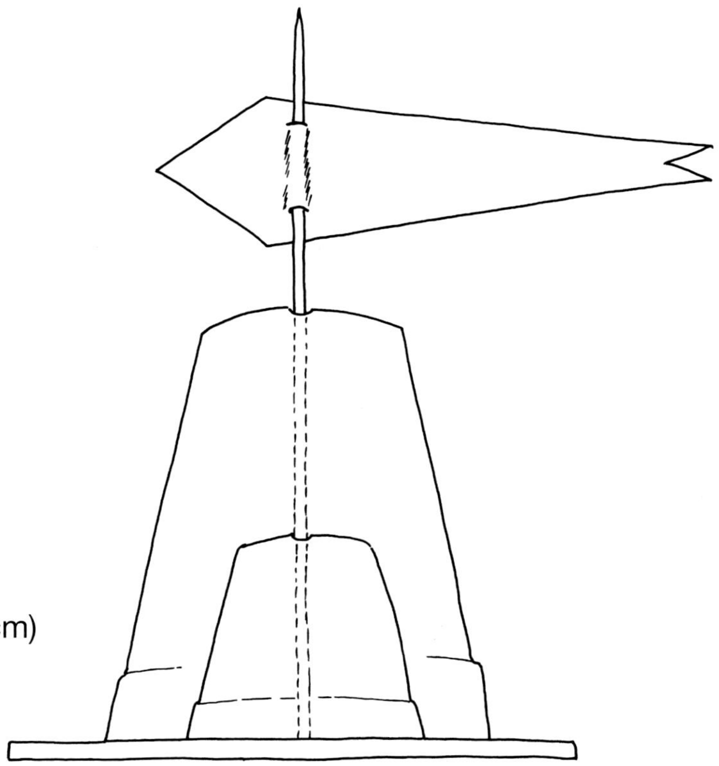

Material

- ▹ 1 kleiner und 1 großer Joghurtbecher (alternativ: 1 Flasche)
- ▹ Stricknadel (alternativ: 1 dünner gerader Stock)
- ▹ Pappe für den Pfeil (ca. 15 cm x 10 cm) und für die Unterlage (mind. 20 cm x 20 cm) (alternative Unterlage: 1 Brett)

Herstellung

1. Ausgehend vom Mittelpunkt der Unterlage (Pappe oder Brett) werden auf der Fläche zumindest die vier Haupthimmelsrichtungen (N-S-O-W) eingezeichnet.

2. In die Bodenmitte der beiden Joghurtbecher wird jeweils ein kleines Loch gemacht. Nun wird zuerst der obere Rand des kleinen Joghurtbechers so kopfüber auf der Unterlage festgeklebt, dass sich das Loch im Joghurtbecher direkt über dem Mittelpunkt der Unterlage befindet.

3. Anschließend wird der große Joghurtbecher ebenso kopfüber über den kleinen Joghurtbecher gestülpt und festgeklebt.

4. Der Windpfeil aus Pappe wird aufgezeichnet, zurechtgeschnitten (Länge ca. 15 cm) und an einer Stricknadel befestigt. Entweder wird der Pfeil festgeklebt oder von der Stricknadel durchstochen (vgl. Skizze).
   An der Spitze der Stricknadel lässt sich bei Belieben noch ein aus Pappe angefertigter »Wetterhahn« befestigen.

5. Die andere Seite der Stricknadel wird nun durch die Löcher der Joghurtbecher gesteckt.

6. Mithilfe eines Kompasses wird die Grundfläche eingenordet.

7. Der Windpfeil sollte möglichst auf freiem Gelände und nicht in unmittelbarer Nähe von Gebäudewänden aufgestellt werden.

Übrigens: Winde werden danach benannt, aus welcher Richtung sie kommen.
Zum Beispiel kommt ein Westwind aus dem Westen und weht nach Osten.

II. Herstellung eines Regenmessers

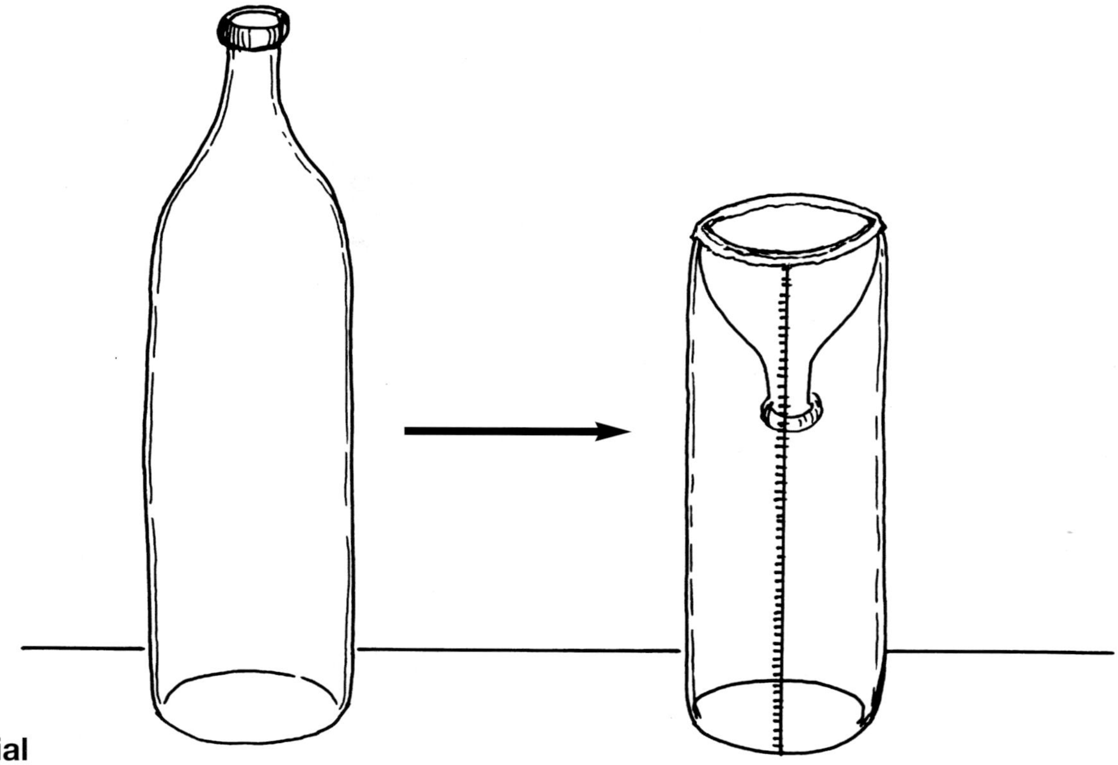

Material

- 1 große Plastikflasche
  (alternativ: 1 großes Glas, z. B. 1 Einmachglas, auf das ein Trichter gesetzt wird)
- Klebeband, Klebstoff
- Messskala (cm, mm); siehe rechter Seitenrand oder Kopie eines Lineals

Herstellung

1. Von einer großen Plastikflasche wird der obere kegelförmige Teil abgeschnitten (vgl. Skizze).

2. Der kegelförmige Teil soll als Trichter dienen und wird umgedreht auf den größeren unteren Teil der Plastikflasche gesteckt und dort mit Klebeband befestigt.

3. An die Außenseite des unteren Teils der Plastikflasche (= Regenmesser) wird die Messskala (cm, mm) geklebt.

4. Der Regenmesser sollte frei aufgestellt werden. Nicht in unmittelbarer Nähe von Gebäudewänden oder Bäumen.

Übrigens: In der Meteorologie wird die Niederschlagsmenge (u. a. Regenmenge) in mm pro m^2 gemessen und angegeben. Eine Niederschlagsmenge auf der Skala von 1 mm entspricht einer Wassermenge (Wasserschicht) von 1 Liter pro m^2.

III. Herstellung eines Glasbarometers

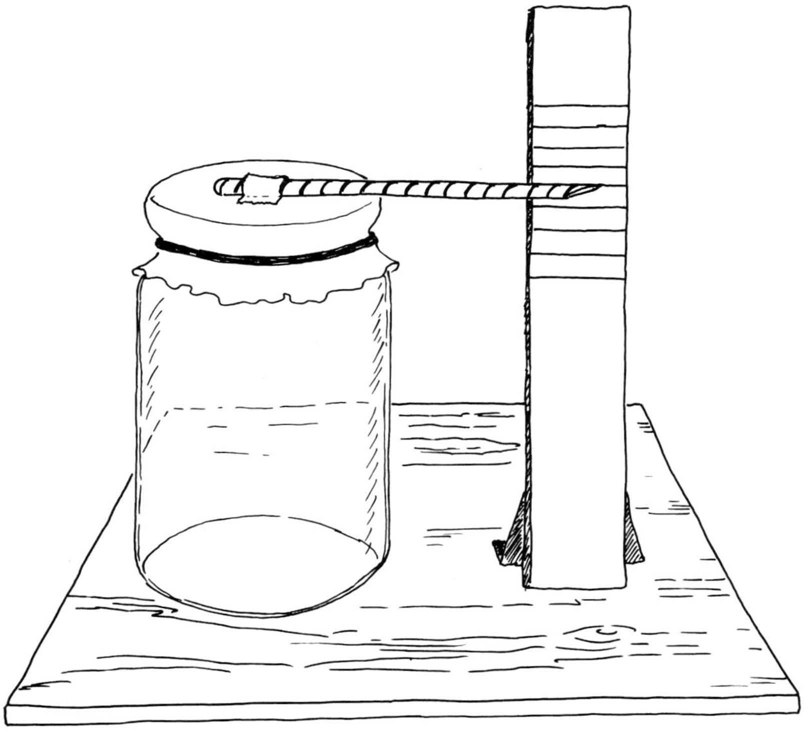

Material

- ▹ 1 großes Glas, z. B. Einmachglas
- ▹ Messskala auf Pappe gezeichnet (vgl. Skizze)
- ▹ 1 Luftballon
- ▹ 1 Strohhalm mit einseitiger Spitze
- ▹ Gummibänder
- ▹ Holzbrett (mind. 30 cm x 30 cm)

Herstellung

1. Über die Öffnung eines Glases wird eine Luftballonmembran gespannt. Diese wird mithilfe von Gummibändern so befestigt, dass von außen keine Luft mehr in das Glas gelangen kann.

2. Das Glas wird auf ein Holzbrett gestellt und dort befestigt bzw. festgeklebt.

3. Der Strohhalm wird auf die Luftballonmembran geklebt. Die spitze Seite des Strohhalms zeigt zur Messskala.

4. Mit etwas Abstand zum Glas wird die Messskala ebenfalls auf das Brett geklebt. Der Strohhalm muss bis zur Skala reichen, darf sie jedoch nicht berühren (vgl. Skizze).

Übrigens: Die Luftballonmembran des Glasbarometers reagiert auf Luftdruck- und damit Wetteränderungen. Bei hohem Luftdruck (= trockenes Wetter) wird die Luftballonmembran eingedrückt und der Strohhalm als Anzeiger weist nach oben.
Bei niedrigem Luftdruck (= Niederschlag) verringert sich der Druck, der auf die Luftballonmembran ausgeübt wird, und die Spitze des Strohhalms deutet auf der Messskala nach unten.

Maßstab ~ 1 : 22 000 000

Lösungshilfe – die europäischen Staaten in alphabetischer Reihenfolge
Albanien, Andorra, Belgien, Bosnien-Herzegowina, Bulgarien, Dänemark, Deutschland, Estland, Finnland, Frankreich, Griechenland, Großbritannien, Irland, Island, Italien, Kroatien, Lettland, Liechtenstein, Litauen, Luxemburg, Makedonien, Malta, Republik Moldau, Monaco, Niederlande, Norwegen, Österreich, Polen, Portugal, Rumänien, Russland, San Marino, Schweden, Schweiz, Serbien und Montenegro, Slowakei, Slowenien, Spanien, Tschechien, Türkei, Ukraine, Ungarn, Vatikanstadt, Weißrussland, Zypern

Lage der Staaten Europas

Wie heißen die Staaten Europas? Siehe Karte Seite 23.

NR.	STAAT	NR.	STAAT
1		2	
3		4	
5		6	
7		8	
9		10	
11		12	
13		14	
15		16	
17		18	
19		20	
21		22	
23		24	
25		26	
27		28	
29		30	
31		32	
33		34	
35		36	
37		38	
39		40	
41		42	
43		44	
45			

Lage der Staaten Europas – Lösungen

NR.	STAAT	NR.	STAAT
1	*Island*	2	*Norwegen*
3	*Schweden*	4	*Finnland*
5	*Irland*	6	*Großbritannien*
7	*Dänemark*	8	*Niederlande*
9	*Deutschland*	10	*Belgien*
11	*Luxemburg*	12	*Frankreich*
13	*Monaco*	14	*Andorra*
15	*Spanien*	16	*Portugal*
17	*Schweiz*	18	*Liechtenstein*
19	*San Marino*	20	*Vatikanstadt*
21	*Italien*	22	*Malta*
23	*Griechenland*	24	*Türkei*
25	*Zypern*	26	*Bulgarien*
27	*Makedonien*	28	*Albanien*
29	*Serbien und Montenegro*	30	*Bosnien-Herzegowina*
31	*Kroatien*	32	*Slowenien*
33	*Österreich*	34	*Ungarn*
35	*Rumänien*	36	*Slowakei*
37	*Tschechien*	38	*Polen*
39	*Litauen*	40	*Lettland*
41	*Estland*	42	*Russland*
43	*Weißrussland*	44	*Ukraine*
45	*Republik Moldau*		

10 Europäische Hauptstädte

Ergänze die Hauptstädte der europäischen Staaten. Siehe auch Seite 23 (Europakarte).

NR.	LAND	HAUPTSTADT	NR.	LAND	HAUPTSTADT
1	Island		2	Norwegen	
3	Schweden		4	Finnland	
5	Irland		6	Großbritannien	
7	Dänemark		8	Niederlande	
9	Deutschland		10	Belgien	
11	Luxemburg		12	Frankreich	
13	Monaco		14	Andorra	
15	Spanien		16	Portugal	
17	Schweiz		18	Liechtenstein	
19	San Marino		20	Vatikanstadt	
21	Italien		22	Malta	
23	Griechenland		24	Türkei	
25	Zypern		26	Bulgarien	
27	Makedonien		28	Albanien	
29	Serbien u. Monten.		30	Bosnien-Herzegowina	
31	Kroatien		32	Slowenien	
33	Österreich		34	Ungarn	
35	Rumänien		36	Slowakei	
37	Tschechien		38	Polen	
39	Litauen		40	Lettland	
41	Estland		42	Russland	
43	Weißrussland		44	Ukraine	
45	Republik Moldau				

Lösungshilfe – die europäischen Hauptstädte in alphabetischer Reihenfolge

Amsterdam, Andorra la Vella, Ankara, Athen, Belgrad, Berlin, Bern, Bratislava, Brüssel, Budapest, Bukarest, Chisinau, Dublin, Helsinki, Kiew, Kopenhagen, Lissabon, Ljubljana, London, Luxemburg, Madrid, Minsk, Monaco-Ville, Moskau, Nikosia, Oslo, Paris, Prag, Reykjavik, Riga, Rom, San Marino, Sarajevo, Skopje, Sofia, Stockholm, Tallinn, Tirana, Vaduz, Valletta, Vatikanstadt, Vilnius, Warschau, Wien, Zagreb

Europäische Hauptstädte – Lösungen

NR.	LAND	HAUPTSTADT	NR.	LAND	HAUPTSTADT
1	Island	*Reykjavik*	2	Norwegen	*Oslo*
3	Schweden	*Stockholm*	4	Finnland	*Helsinki*
5	Irland	*Dublin*	6	Großbritannien	*London*
7	Dänemark	*Kopenhagen*	8	Niederlande	*Amsterdam*
9	Deutschland	*Berlin*	10	Belgien	*Brüssel*
11	Luxemburg	*Luxemburg*	12	Frankreich	*Paris*
13	Monaco	*Monaco-Ville*	14	Andorra	*Andorra la Vella*
15	Spanien	*Madrid*	16	Portugal	*Lissabon*
17	Schweiz	*Bern*	18	Liechtenstein	*Vaduz*
19	San Marino	*San Marino*	20	Vatikanstadt	*Vatikanstadt*
21	Italien	*Rom*	22	Malta	*Valletta*
23	Griechenland	*Athen*	24	Türkei	*Ankara*
25	Zypern	*Nikosia*	26	Bulgarien	*Sofia*
27	Makedonien	*Skopje*	28	Albanien	*Tirana*
29	Serbien u. Monten.	*Belgrad*	30	Bosnien-Herzegowina	*Sarajevo*
31	Kroatien	*Zagreb*	32	Slowenien	*Ljubljana*
33	Österreich	*Wien*	34	Ungarn	*Budapest*
35	Rumänien	*Bukarest*	36	Slowakei	*Bratislava*
37	Tschechien	*Prag*	38	Polen	*Warschau*
39	Litauen	*Vilnius*	40	Lettland	*Riga*
41	Estland	*Tallinn*	42	Russland	*Moskau*
43	Weißrussland	*Minsk*	44	Ukraine	*Kiew*
45	Republik Moldau	*Chisinau*			

11 Rund um Europa

Würfelspiel zu den Staaten Europas

Hinweise zur Herstellung

Der Spielplan (Seite 30) wird zumindest auf DIN-A3-Format vergrößert und anschließend auf Karton geklebt. Man kann den Spielplan auch gleich auf festes Papier oder Karton kopieren. Nun wird der Spielplan bunt angemalt – und wenn er besonders schön werden soll, können die 45 Nummernfelder mit den Flaggen der entsprechenden Staaten versehen werden.

Spielerzahl

2–6 Personen (evtl. auch Teams)

Spielmaterialien

1 Spielplan, 1 Würfel, evtl. Würfelbecher
je Spieler: 1 Spielfigur
Spielleiter: evtl. 1 Lösungsblatt (Seite 24)

Spielregeln

Es wird im Uhrzeigersinn gewürfelt. Wer zuerst eine 6 würfelt, beginnt.
Die Augenzahl des Würfels entscheidet, wie viele Felder man jeweils vorrücken darf. Doch vorher schaut man, auf welches Nummernfeld man kommen würde. Dann sucht man auf der Europakarte den Staat mit der entsprechenden Nummer und nennt dessen Namen. Bei falscher oder nicht gegebener Antwort bleibt man auf dem alten Feld stehen, sonst rückt man vor.
Gelangt ein Spieler auf ein Glücksfeld (»Kleeblatt«), muss keine Aufgabe gelöst werden.
Es dürfen beliebig viele Spielfiguren auf einem Feld stehen.
Bei einer 6 darf nicht noch einmal gewürfelt werden.

Spielsieg

Wer als Erster das Zielfeld erreicht, ist Sieger.

Spielvariationen

- Sieger wird, wer nach zwei oder drei Runden – je nach Vereinbarung vor Spielbeginn – zuerst das Zielfeld erreicht.
- Nicht nur der jeweilige Staat, sondern auch die Hauptstadt, eine Sehenswürdigkeit ... dieses Staates sind zu nennen.
- Ein Gegenspieler oder der Spielleiter stellt zum jeweiligen Staat eine Aufgabe, die es zu beantworten gilt.
- Jeder Spieler hat zwei Spielfiguren, mit denen auf dem Spielplan das Ziel erreicht werden muss. Wer an der Reihe ist, darf eine beliebige Spielfigur ziehen, vorausgesetzt, er hat die gestellte Aufgabe zuvor richtig beantwortet.
- Das Spiel wird ohne Würfel ausgetragen. Je nachdem, wie viele richtige Aussagen ein Spieler zu dem jeweiligen Staat machen kann, darf die Spielfigur vorgezogen werden (Vorschlag: je Spielzug maximal 6 Felder).
- Die Anfangsbuchstaben der Staaten werden vorgegeben.
- Kommt man mit seiner Spielfigur auf ein Feld mit einer geraden Zahl, hat man Glück und muss den Staat nicht nennen.
- Das Spiel eignet sich auch als Quiz (ohne Würfel). Wer an der Reihe ist, darf sich auf der Karte eine bisher noch nicht beantwortete Nummer aussuchen. Bei Nennung der richtigen Lösung bekommt man einen Punkt. Sieger ist, wer zum Schluss die meisten Punkte hat.

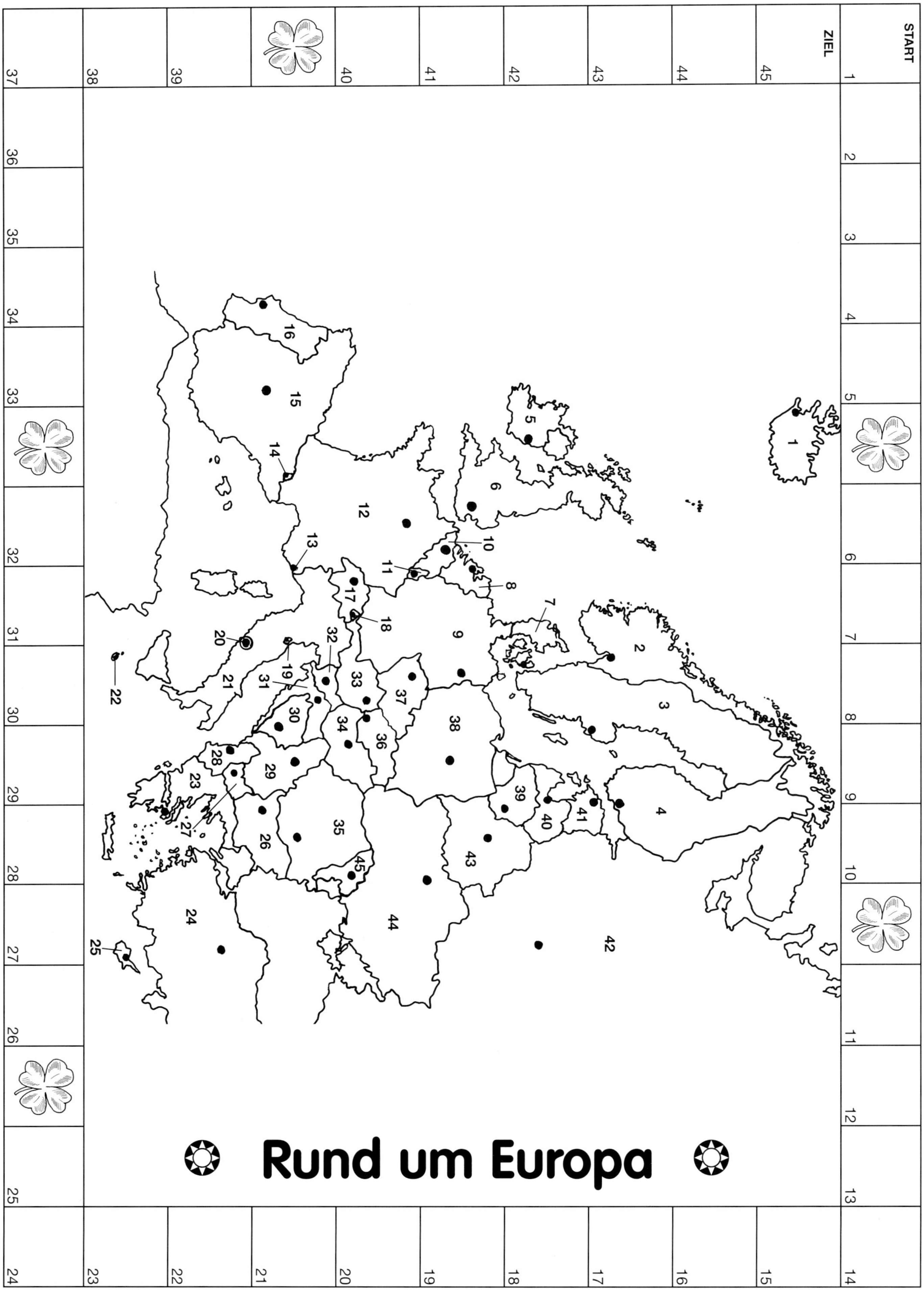
START
ZIEL
Rund um Europa

12 Wo kommst du her?

Spiel zu den Kfz-Nationalitätskennzeichen

Hinweise zur Herstellung

Zu diesem Spiel werden 45 Spielkarten (z. B. Karteikarten) benötigt. Auf jeweils einer Karte wird das Kfz-Nationalitätskennzeichen eines europäischen Staates notiert (siehe Tafelbild).

Spielerzahl

ab 2 Personen (evtl. Teams)

Spielmaterialien

45 Spielkarten, 45 Magnete, 1 magnetische Wandtafel, Kreide

Spielregeln

Ein Spielleiter (z. B. Lehrer) befestigt die 45 Spielkarten mithilfe von Magneten an der Wandtafel. Dies kann beispielsweise in alphabetischer Reihenfolge geschehen:

Tafelbild

A	AL	AND	B	BG	BIH	BY	CH	CY
CZ	D	DK	E	EST	F	FIN	FL	GB
GR	H	HR	I	IRL	IS	L	LT	LV
M	MC	MD	MK	N	NL	P	PL	RO
RSM	RUS	S	SCG	SK	SLO	TR	UA	V

Im Verlauf des Spiels müssen die Spieler sagen, welche Staaten sich hinter den auf den Spielkarten vorgegebenen Kfz-Nationalitätskennzeichen verbergen. Die Spieler haben der Reihe nach das Antwortrecht. Für jede richtige Antwort gibt es einen Punkt. Die Anzahl der erzielten Punkte wird an der Tafel schriftlich festgehalten. Wurde der korrekte Staatsname der jeweiligen Karte genannt, wird diese umgedreht.
Vor Spielbeginn ist festzulegen, ob die Spielkarten gemäß der vorliegenden Reihenfolge beantwortet werden müssen oder die Reihenfolge beliebig ist.

Spielsieg

Wer die meisten Punkte errungen hat, ist Spielsieger.

Wo kommst du her? – Lösungen

Spielvariationen

- ▹ Zu Spielbeginn liegen die Spielkarten mit der leeren Rückseite nach oben nebeneinander aus. Wer an der Reihe ist, deckt eine beliebige Spielkarte auf und muss den dazugehörigen Ländernamen nennen.
- ▹ Die Spielkarten liegen offen auf einem Stapel. Die jeweils oben liegende Spielkarte ist zu beantworten.
- ▹ Auf der Rückseite der Karten wird jeweils der Name des Staates notiert. Die Karten werden so an der Tafel befestigt, dass die Namen der Staaten und nicht die Kfz-Kennzeichen zu sehen sind. Zu nennen ist das Nationalitätskennzeichen.
- ▹ Mögliche Zusatzaufgaben:
  - die Hauptstadt des Staates nennen
  - die geografische Lage des Staates z. B. an einer Wandkarte bestimmen
  - die Nachbarländer des Staates aufzählen
  - die Flagge des Staates beschreiben oder zeichnen
  - eine Besonderheit des Staates nennen (z. B. Sehenswürdigkeit)
  - EU-Mitgliedschaft, Währung des Staates angeben etc.

KENN-ZEI-CHEN	STAAT	KENN-ZEI-CHEN	STAAT
A	*Österreich*	AL	*Albanien*
AND	*Andorra*	B	*Belgien*
BG	*Bulgarien*	BIH	*Bosnien-Herzegowina*
BY	*Weißrussland*	CH	*Schweiz*
CY	*Zypern*	CZ	*Tschechien*
D	*Deutschland*	DK	*Dänemark*
E	*Spanien*	EST	*Estland*
F	*Frankreich*	FIN	*Finnland*
FL	*Liechtenstein*	GB	*Großbritannien*
GR	*Griechenland*	H	*Ungarn*
HR	*Kroatien*	I	*Italien*
IRL	*Irland*	IS	*Island*
L	*Luxemburg*	LT	*Litauen*
LV	*Lettland*	M	*Malta*
MC	*Monaco*	MD	*Republik Moldau*
MK	*Makedonien*	N	*Norwegen*
NL	*Niederlande*	P	*Portugal*
PL	*Polen*	RO	*Rumänien*
RSM	*San Marino*	RUS	*Russland*
S	*Schweden*	SCG	*Serbien und Montenegro*
SK	*Slowakei*	SLO	*Slowenien*
TR	*Türkei*	UA	*Ukraine*
V	*Vatikanstadt*		

13 Leg richtig an!

Dominospiel zu den europäischen Staaten und Hauptstädten

Hinweise zur Herstellung

Die Vorlagen auf den Seiten 34–41 werden auf einen härteren Untergrund kopiert oder nach dem Kopieren auf einen Karton geklebt. Dann werden die Karten (jeweils eine Stadt und ein Staat zusammenhängend) ausgeschnitten.

Spielerzahl

möglichst 2–4 Personen (oder Teams)

Spielmaterialien

45 Spielkarten (Seite 34–41)

Spielregeln

Dieses Dominospiel behandelt die europäischen Staaten und ihre Hauptstädte. Auf jeder Spielkarte steht ein Land und eine Hauptstadt, die Namen gehören jedoch nicht zusammen. Aufgabe der Spieler ist es, die Karten so aneinanderzulegen, dass zusammengehörende Staaten und Städte nebeneinander platziert sind.

Zunächst werden alle 45 Spielkarten gut gemischt. Nun wird eine Karte als Ausgangskarte auf den Tisch gelegt und jeder Spieler erhält sechs Karten, die er auf der Hand hält. Der Rest kommt als Stapel in die Mitte.

Die Spieler sind reihum am Zuge, sie legen rechts oder links an die bereits ausgelegte(n) Karte(n) an. Es dürfen so viele Karten aneinandergelegt werden, wie passen. Besitzt ein Spieler momentan keine passende Karte, so muss er eine aufnehmen. Er nimmt die oberste Karte vom Stapel und darf diese anlegen, sofern sie passt. Kann er immer noch nicht bedienen, ist der nächste Spieler an der Reihe.
Die Spielkontrolle, d. h., dass nur passende Spielkarten angelegt werden, erfolgt durch alle Spieler gemeinsam und/oder durch einen Spielleiter (z. B. Lehrer). Als Hilfe kann hier die Seite 5 dienen.

Spielsieg

Gewinner ist, wer als erster keine Spielkarten mehr besitzt.

Spielvariationen

- Zu Spielbeginn können auch mehr oder weniger als sechs Spielkarten ausgeteilt werden.
- Jeder Spieler erhält die 45 Spielkarten und muss diese in die richtige Reihenfolge bringen, sodass sich zum Schluss eine »geschlossene Kette« ergibt.
- Es werden Spielkarten zu anderen Themen (z. B. Staaten und ihre Flaggen) erstellt.

Berlin	**Polen**
Warschau	**Litauen**
Vilnius	**Lettland**
Riga	**Estland**
Tallinn	**Russland**
Moskau	**Weißrussland**

Leg richtig an!

Minsk	Ukraine
Kiew	Republik Moldau
Chisinau	Rumänien
Bukarest	Bulgarien
Sofia	Türkei
Ankara	Zypern

Nikosia	**Griechenland**
Athen	**Albanien**
Tirana	**Makedonien**
Skopje	**Serbien und Montenegro**
Belgrad	**Bosnien-Herzegowina**
Sarajevo	**Kroatien**

Leg richtig an!

Zagreb	Slowenien
Ljubljana	Ungarn
Budapest	Slowakei
Bratislava	Tschechien
Prag	Österreich
Wien	Liechtenstein

Vaduz	**Schweiz**
Bern	**Italien**
Rom	**San Marino**
San Marino	**Vatikanstadt**
Vatikanstadt	**Malta**
Valletta	**Portugal**

Lissabon	**Spanien**
Madrid	**Andorra**
Andorra la Vella	**Monaco**
Monaco-Ville	**Frankreich**
Paris	**Luxemburg**
Luxemburg	**Belgien**

Brüssel	Niederlande
Amsterdam	Groß-britannien
London	Irland
Dublin	Island
Reykjavik	Norwegen
Oslo	Schweden

Leg richtig an! – Blanko-Vorlage

Stockholm	**Finnland**
Helsinki	**Dänemark**
Kopenhagen	**Deutschland**

14 Europa-Puzzle

Schneide die Puzzleteile der Seiten 42/43 aus und setze sie richtig zusammen. Zu empfehlen ist, die Meeresflächen blau anzumalen.

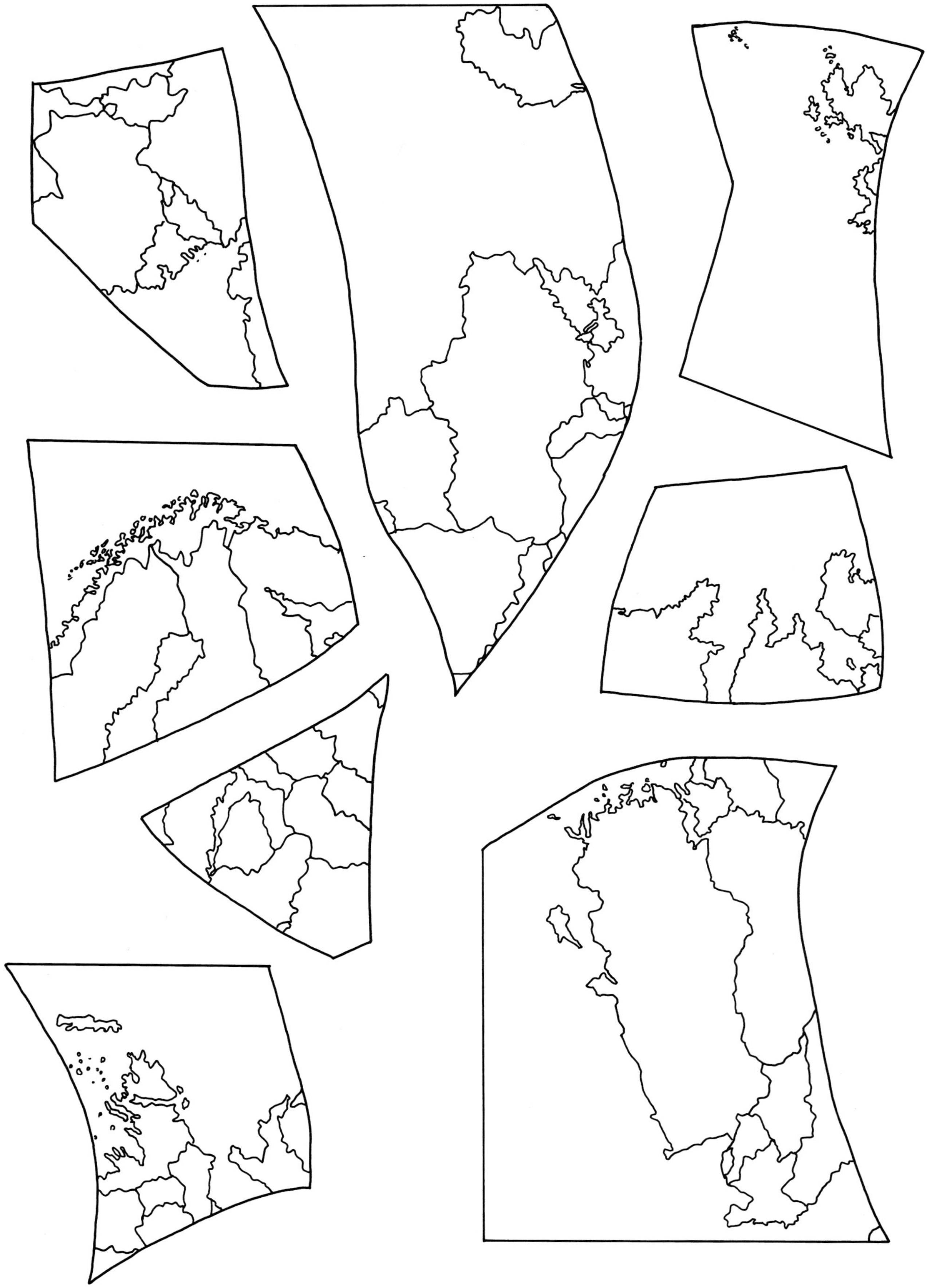

Europa-Puzzle

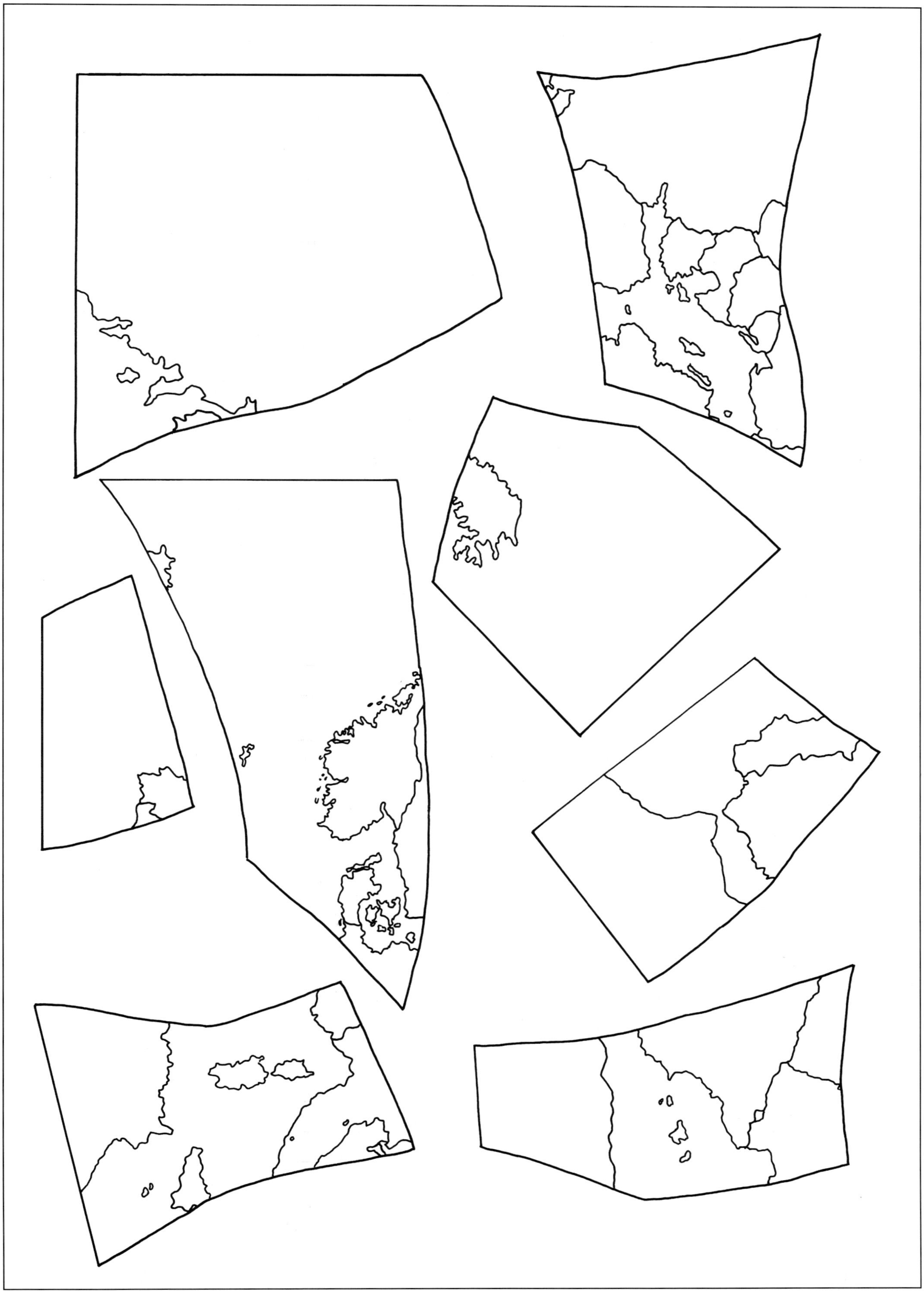

15 Territoriale Gliederung Europas

Welche Staaten zählen zu ...

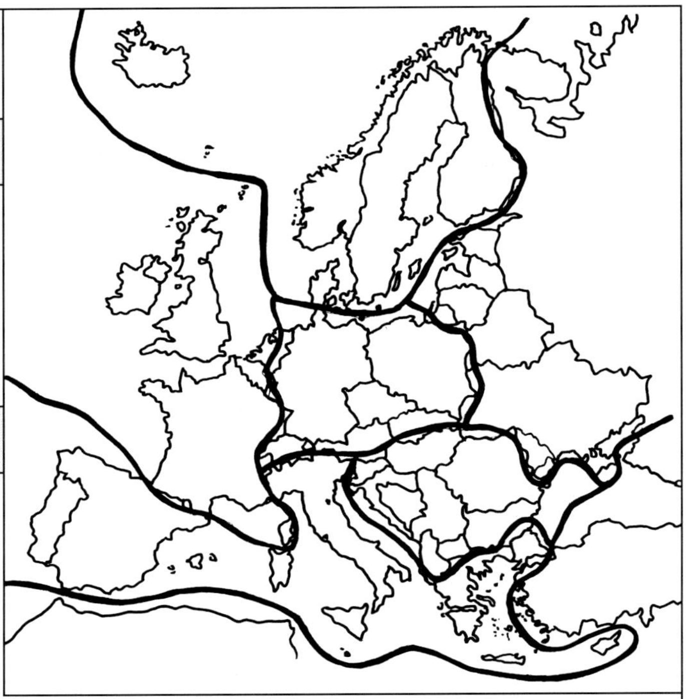

1. Nordeuropa? (5 Staaten)

2. Mitteleuropa? (7 Staaten)

3. Westeuropa? (8 Staaten)

4. Osteuropa? (7 Staaten)

5. Südosteuropa? (9 Staaten)

6. Südeuropa? (9 Staaten)

Schreibe zu jedem Staat, ob er ein Küstenstaat (Kü) oder ein Binnenstaat (Bi) ist!

Territoriale Gliederung Europas – Lösungen

Welche Staaten zählen zu ...

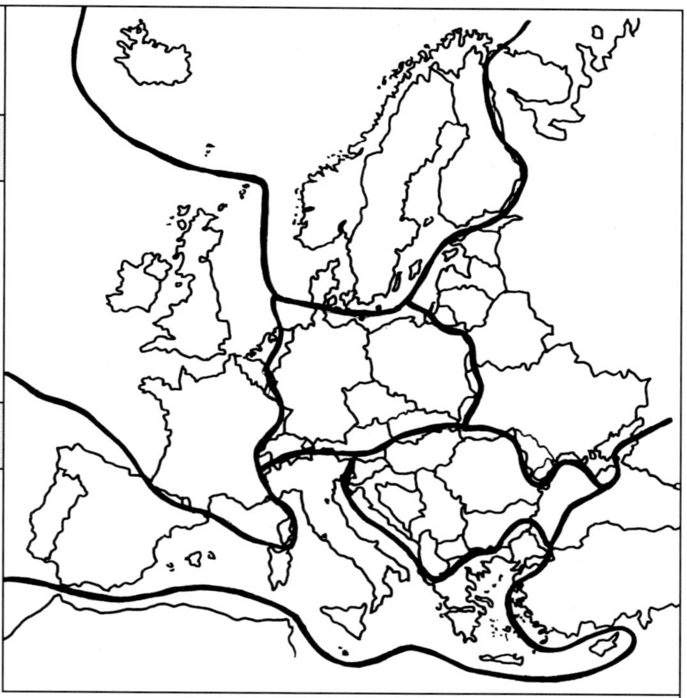

1. Nordeuropa? (5 Staaten)

Island (Kü), Norwegen (Kü), Schweden (Kü), Finnland (Kü), Dänemark (Kü)

2. Mitteleuropa? (7 Staaten)

Deutschland (Kü), Polen (Kü), Tschechien (Bi), Slowakei (Bi), Österreich (Bi), Liechtenstein (Bi), Schweiz (Bi)

3. Westeuropa? (8 Staaten)

Irland (Kü), Großbritannien (Kü), Niederlande (Kü), Belgien (Kü), Luxemburg (Bi), Frankreich (Kü), Monaco (Kü), Andorra (Bi)

4. Osteuropa? (7 Staaten)

Litauen (Kü), Lettland (Kü), Estland (Kü), Weißrussland (Bi), Russland (europäischer Teil / Kü), Ukraine (Kü), Republik Moldau (Bi)

5. Südosteuropa? (9 Staaten)

Ungarn (Bi), Rumänien (Kü), Bulgarien (Kü), Makedonien (Bi), Albanien (Kü), Serbien und Montenegro (Kü), Kroatien (Kü), Bosnien-Herzegowina (Kü), Slowenien (Kü)

6. Südeuropa? (9 Staaten)

Portugal (Kü), Spanien (Kü), Italien (Kü), San Marino (Bi), Vatikanstadt (Bi), Malta (Kü), Griechenland (Kü), Türkei (europäischer Teil / Kü), Zypern (Kü)

Schreibe zu jedem Staat, ob er ein Küstenstaat (Kü) oder ein Binnenstaat (Bi) ist!

Quiz zur territorialen Gliederung Europas

Spielerzahl

möglichst 2–6 Personen (oder Teams)

Spielmaterialien

1 Würfel, 1 Stift, Papier, evtl. 1 Spielplan (Seite 44) pro Spieler

Spielregeln

In diesem Spiel geht es darum, sich mit den sechs Teilen Europas vertraut zu machen.

Es wird im Uhrzeigersinn gespielt. Wer an der Reihe ist, würfelt und muss je nach Augenzahl einen zum jeweiligen Oberbegriff passenden europäischen Staat nennen. Die Würfelzahl gibt an, zu welchem Teil Europas das Land gehören muss (mögliches Tafelbild):

»1« → Nordeuropa (5 Staaten)
»2« → Mitteleuropa (7 Staaten)
»3« → Westeuropa (8 Staaten)
»4« → Osteuropa (7 Staaten)
»5« → Südosteuropa (9 Staaten)
»6« → Südeuropa (9 Staaten)

Für jede richtige Lösung gibt es einen Punkt. Ein Spielleiter sollte den Ablauf des Spiels kontrollieren, d. h. die Punkte notieren und außerdem aufpassen, dass es nicht zu Zweifachnennungen kommt. Als Hilfestellung kann dem Spielleiter das Lösungsblatt von Seite 45 ausgehändigt werden.

Spielsieg

Wer am meisten Punkte gesammelt hat, hat gewonnen. Es kann so lange gespielt werden, bis alle 45 Staaten genannt worden sind.

Spielvariationen

- Das Spiel ist beendet, wenn eine bestimmte Zeit abgelaufen ist (z. B. 20 Minuten) oder wenn eine bestimmte Punkzahl erreicht wurde (z. B. 20 Punkte).
- Statt der Nennung eines Staates muss eine Frage – bezogen auf den jeweiligen Teil Europas bzw. auf einen dazugehörigen Staat – beantwortet werden. Die anderen Spieler oder der Spielleiter denken sich die Fragen aus.
- Die Würfelzahl gibt wie gehabt den Teil Europas an. Aus dem so festgelegten Bereich sucht sich der Spieler ein Land aus, zu welchem er eine Frage beantworten möchte.

17 Europa-Telegramm

Finde jeweils den zu dem Hinweis passenden Staat.

	HINWEIS	STAAT
1	»Der Stiefel im Mittelmeer«	
2	»Die grüne Insel«	
3	»Das Land der 1000 Seen«	
4	»Das Eisland«	
5	»Das Land der Eidgenossen«	
6	»Das Land der Fjorde und Fjelle«	
7	»Das Land der Wälder und Wasserfälle«	
8	»Das Land der Puszta«	
9	»Das Land der Polder und Kanäle«	
10	»Das älteste Industrieland«	
11	»Das westeuropäische Zweisprachenland«	
12	»Das Brückenland von Mittel- nach Nordeuropa«	
13	»Das Land der Toreros«	
14	»Das Kernland der einstigen Donaumonarchie«	
15	»Das Riesenland im Osten«	
16	»Die Kornkammer der ehemaligen Sowjetunion«	
17	»Das Land der Nachfahren Draculas«	
18	»Das wilde Bergland der Skipetaren«	
19	»Das Land der Hellenen«	
20	»Die Perle am Schwarzen Meer«	

Lösungshilfe – die angesprochenen Staaten in alphabetischer Reihenfolge
Albanien, Belgien, Bulgarien, Dänemark, Finnland, Griechenland, Großbritannien, Irland, Island, Italien, Niederlande, Norwegen, Österreich, Rumänien, Russland, Schweden, Schweiz, Spanien, Ukraine, Ungarn

Europa-Telegramm – Lösungen

	HINWEIS	STAAT
1	»Der Stiefel im Mittelmeer«	*Italien*
2	»Die grüne Insel«	*Irland*
3	»Das Land der 1000 Seen«	*Finnland*
4	»Das Eisland«	*Island*
5	»Das Land der Eidgenossen«	*Schweiz*
6	»Das Land der Fjorde und Fjelle«	*Norwegen*
7	»Das Land der Wälder und Wasserfälle«	*Schweden*
8	»Das Land der Puszta«	*Ungarn*
9	»Das Land der Polder und Kanäle«	*Niederlande*
10	»Das älteste Industrieland«	*Großbritannien*
11	»Das westeuropäische Zweisprachenland«	*Belgien*
12	»Das Brückenland von Mittel- nach Nordeuropa«	*Dänemark*
13	»Das Land der Toreros«	*Spanien*
14	»Das Kernland der einstigen Donaumonarchie«	*Österreich*
15	»Das Riesenland im Osten«	*Russland*
16	»Die Kornkammer der ehemaligen Sowjetunion«	*Ukraine*
17	»Das Land der Nachfahren Draculas«	*Rumänien*
18	»Das wilde Bergland der Skipetaren«	*Albanien*
19	»Das Land der Hellenen«	*Griechenland*
20	»Die Perle am Schwarzen Meer«	*Bulgarien*

18 European Champion

Erkennungsspiel zu den europäischen Staaten

Hinweise zur Herstellung

Die Vorlagen auf den Seiten 51–56 werden auf einen härteren Untergrund kopiert oder nach dem Kopieren auf einen Karton geklebt. Dann werden die Karten einzeln ausgeschnitten. Je nach Spielvariante können die Ländernamen auch auf der Rückseite der Spielkarten notiert werden.

Spielerzahl

ab 2 Teams

Spielmaterialien

45 Spielkarten (Seite 51–56), 1 Stift, Papier bzw. Wandtafel und Kreide, evtl. 1 Europa-Lexikon

Spielregeln

Die Teams sollen europäische Staaten anhand der auf den Spielkarten gegebenen Hinweise erraten.

Die Spielkarten werden mit der unbeschrifteten Rückseite nach oben auf einen Stapel gelegt. Das Team, das an der Reihe ist, nimmt sich die oberste Karte und gibt gemäß der Spielkarte mündlich Hinweise zu dem jeweiligen Staat. Hierbei ist die Reihenfolge der Hinweise zu beachten. Welches der anderen Teams den gesuchten Staat zuerst erkennt, ruft den Namen in die Runde. Das Team erhält Punkte je nachdem, wie viele Hinweise zum Erraten benötigt wurden:

- Erraten des Staates nach dem 1. Hinweis ➔ 5 Punkte
- Erraten des Staates nach dem 2. Hinweis ➔ 4 Punkte
- Erraten des Staates nach dem 3. Hinweis ➔ 3 Punkte
- Erraten des Staates nach dem 4. Hinweis ➔ 2 Punkte
- Erraten des Staates nach dem 5. Hinweis ➔ 1 Punkt

Spielsieg

- ▹ Wenn der Kartenstapel leer ist oder wenn eine vereinbarte Spielzeit (z. B. 20 Minuten) abgelaufen ist, ist das Spiel beendet. Wer die höchste Punktzahl aufweist, hat das Spiel gewonnen.
- ▹ Das Team, welches zuerst eine bestimmte Punktzahl (z. B. 20 Punkte) erreicht, gewinnt das Spiel.

Spielvariationen

- Die Hinweise können von einem Spielleiter gegeben werden, sodass alle Spieler bei jeder Runde mitraten können.
- Die Spieler eines Teams können vereinbaren, dass sie abwechselnd das Antwortrecht haben (bietet sich in sehr heterogenen Gruppen an).
- Jeder Spieler/jedes Team darf je Spielrunde z. B. nur eine oder zwei Antworten geben.
- Für falsche Antworten kann es Minuspunkte geben.
- Der Name eines Staates wird vorgegeben. Innerhalb kurzer Zeit (z. B. eine Minute) hat das Team bezogen auf den vorgegebenen Staat fünf Fakten zu nennen. Je Fakt wird ein Punkt vergeben.
- Ein Spieler eines Teams bekommt nur den Namen eines Landes vorgegeben. Er muss dieses Land so gut umschreiben, dass sein eigenes Team das Land erraten kann. Dabei darf er nie den Namen des Landes oder verwandte Wörter nennen. Innerhalb von z. B. zwei Minuten kann derselbe Spieler so viele Länder wie möglich umschreiben. Die Ländernamen können von den anderen Teams vorgegeben werden, oder es werden die Namen der Länder auf den Rückseiten der Spielkarten notiert und der Spieler nimmt sich nacheinander eine Karte.
  Entsprechend der erratenen Länder erhält das Team Punke. Danach ist das nächste Team an der Reihe.

ALBANIEN

1. seit dem Jahr 1912 unabhängig
2. etwas kleiner als Belgien
3. die Mehrheit der Bevölkerung sind Moslems
4. die Bevölkerung bezeichnet sich selbst als »Skipetaren«
5. das Land grenzt an Griechenland

ANDORRA

1. hat keinen Zugang zum Meer
2. ist ein Zwergstaat
3. hat zwei Staatsoberhäupter aus zwei benachbarten Staaten
4. liegt in den Pyrenäen
5. hat das Autokennzeichen »AND«

BELGIEN

1. in der Hauptstadt ist der Sitz verschiedener Organisationen (u. a. der NATO)
2. die Ardennen sind im Südosten des Landes
3. im Land leben Flamen und Wallonen
4. die Nationalflagge hat dieselben Farben wie die deutsche Flagge
5. das Land gehört zu den Benelux-Ländern

BOSNIEN-HERZEGOWINA

1. besteht aus zwei historisch, landschaftlich und klimatisch unterschiedlichen Landesteilen
2. hat einen schmalen, ca. 20 km langen Küstenstreifen an der Adria
3. Amtssprache ist serbokroatisch
4. der 1. Weltkrieg wurde in diesem Land ausgelöst
5. die Hauptstadt des Landes heißt Sarajevo

BULGARIEN

1. ist ein ehemaliger Ostblockstaat
2. stand unter ca. 500-jähriger Herrschaft der Türken
3. das Balkangebirge verläuft durch das Land
4. das Land grenzt an das Schwarze Meer
5. die Landeswährung heißt Lew

DÄNEMARK

1. hat über 400 Inseln
2. die Hauptstadt des Landes liegt auf einer größeren Insel
3. das Land ist bekannt für seine landwirtschaftlichen Veredelungsprodukte
4. die Halbinsel Jütland bildet den gesamten Festlandteil
5. bildet den natürlichen Übergang von Mitteleuropa zur skandinavischen Halbinsel

DEUTSCHLAND

1. ist eine parlamentarische Republik
2. Mitglied der Europäischen Union (EU)
3. liegt zentral in Europa
4. hat neun Nachbarstaaten
5. wurde im Jahr 1990 flächenmäßig größer

ESTLAND

1. mehr als die Hälfte der Einwohner sind Protestanten
2. Russen bilden die zweitgrößte Bevölkerungsgruppe
3. zum Land gehören über 1 500 Inseln
4. das Land liegt am Finnischen Meerbusen
5. es ist das nördlichste der drei baltischen Länder

FINNLAND

1. hat weniger als 6 Millionen Einwohner
2. besitzt mehr als 60 000 Seen und mehr als 6 000 Inseln
3. ein Drittel des Landes liegt nördlich des Polarkreises
4. in der Landessprache heißt das Land »Suomi«
5. das Land grenzt an Russland

FRANKREICH

1. drittgrößtes Land Europas
2. liegt am Golf von Biscaya und am Mittelmeer
3. das Land ist aufgeteilt in Départements
4. grenzt im Norden an den Ärmelkanal
5. das »Herz« des Landes ist das Pariser Becken

GRIECHENLAND

1. liegt in der subtropischen Klimazone
2. hat sehr viele Inseln
3. die Nationalflagge weist die Farben Blau und Weiß auf
4. hat eine bedeutende kulturelle Vergangenheit
5. in diesem Land fanden erstmals die Olympischen Spiele statt

GROSSBRITANNIEN

1. ist ein Königreich (Monarchie)
2. der Nullmeridian (Greenwich-Meridian) verläuft durch das Land
3. ist ein Inselstaat
4. »Mutterland« des Commonwealth
5. Schottland und Wales gehören zu diesem Staat

IRLAND

1. hat mildes, feuchtes Klima
2. das Land ist teilweise hügelig, es gibt viel Grasland
3. im Land wird u.a. gälisch gesprochen
4. das Volk führte einen sehr langen Freiheitskampf gegen die Briten
5. die amtliche Bezeichnung für das Land ist »Eire«

ISLAND

1. sehr dünn besiedelt
2. karge Vegetation
3. es gibt in diesem Land Vulkane, Geysire, Gletscher
4. das Klima wird durch den Golfstrom beeinflusst
5. Inselstaat, der im Atlantischen Ozean liegt

ITALIEN

1. zwischen dem Norden und dem Süden des Landes gibt es große soziale Gegensätze
2. war im Altertum Kernland eines großen Reiches
3. im Land gibt es noch aktive Vulkane
4. die Poebene gehört zum Land
5. das Apenninengebirge verläuft durch das Land

SERBIEN U. MONTENEGRO

1. im Staat gab es in den 90er Jahren des letzten Jahrhunderts Bürgerkrieg(e)
2. ehemaliger Minister- und Staatspräsident dieses Landes war Tito
3. das Land hat einen ca. 200 km langen Küstenstreifen am Adriatischen Meer
4. das Land liegt auf der Balkanhalbinsel
5. hatte bis 2003 noch einen anderen Namen

European Champion

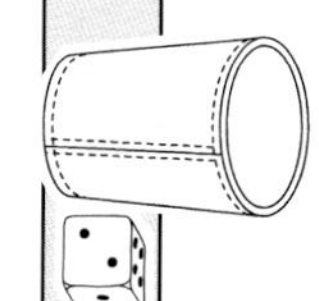

KROATIEN

1. reicht an das Mittelmeer heran
2. ist wie ein Bumerang geformt
3. eine Inselgruppe des Landes heißt Dalmatinische Inseln
4. der Staat wurde im Jahr 1991 unabhängig
5. war zuvor ein Teil Jugoslawiens

LETTLAND

1. der nordwestliche Teil des Landes heißt Kurland
2. Düna ist der Hauptfluss des Landes
3. ist ein Ostseeland
4. liegt am Rigaischen Meerbusen
5. ca. ein Drittel der Bevölkerung sind Russen

LIECHTENSTEIN

1. hat eine Fläche von etwa 160 km^2
2. gehört zu den wohlhabendsten Ländern
3. Amtssprache ist deutsch
4. ein Drittel der Bewohner sind Ausländer
5. liegt zwischen Österreich und Schweiz

LITAUEN

1. der Name der Hauptstadt heißt wörtlich übersetzt »Bernsteinland«
2. im Land leben überwiegend Katholiken
3. ein Teil von Kurland gehört zum Land
4. das Land gehörte zur Sowjetunion
5. es ist das südlichste der drei baltischen Länder

LUXEMBURG

1. das Land hat ein sehr hohes Bruttosozialprodukt
2. Nationalflagge sieht fast genauso aus wie die der Niederlande
3. die Hauptstadt heißt genauso wie das Land
4. es ist ein Großherzogtum
5. (flächenmäßig) kleinster Nachbarstaat Deutschlands

MALTA

1. das Land besteht aus einer kleinen Inselgruppe
2. Relikte sehr alter Kulturen sind vorhanden
3. der Johanniterorden (Malteserorden) beherrschte das Land bis zum 19. Jahrhundert
4. ehemalige britische Kronkolonie
5. liegt zwischen Sizilien und Tunesien

MAKEDONIEN

1. das Land besteht überwiegend aus Gebirgsland
2. im Land werden u. a. Tabak und Baumwolle angebaut
3. der längste Fluss heißt Vardar
4. im Land gibt es ethnische Spannungen zwischen einzelnen Bevölkerungsgruppen
5. das Land heißt wie eine nordgriechische Provinz

REPUBLIK MOLDAU

1. im Land herrschen lange, heiße Sommer und kurze, milde Winter vor
2. Pruth ist der Grenzfluss im Westen
3. Dnjestr fließt durch das Land
4. der Staat ist eine ehemalige Teilrepublik der Sowjetunion
5. benannt nach einer in Rumänien gelegenen Landschaft

MONACO

① hat eine sehr kleine Fläche

② im Land leben überwiegend Ausländer

③ die Bevölkerungsdichte ist mit ca. 16 400 Einwohnern/km² die höchste aller unabhänigen Staaten

④ ist ein Fürstentum

⑤ liegt an der Côte d'Azur

NIEDERLANDE

① eines der am dichtesten besiedelten Länder der Welt (381 Einwohner/km²)

② ist auf besonderen Küstenschutz angewiesen

③ es gibt Polder

④ zum Land gehören die Westfriesischen Inseln

⑤ das Land ist für seine Blumenzucht bekannt

NORWEGEN

① ein langgestrecktes, aber relativ schmales Land

② es gibt in diesem Land den Polartag und die Polarnacht

③ das Klima wird vom Golfstrom beeinflusst

④ viele Fjorde prägen das Landschaftsbild

⑤ das Land reicht vom Skagerrak bis zum Nordpolarmeer

ÖSTERREICH

① das Land ist größtenteils gebirgig

② der Großglockner mit fast 4 000 m Höhe ist der höchste Berg des Landes

③ war vor dem 1. Weltkrieg das Kernland eines großen und mächtigen Reiches

④ die Donau fließt durch das Land

⑤ der lateinische Name für das Land ist »Austria«

POLEN

① in diesem Land herrscht hauptsächlich Tiefland vor

② ein ehemaliges kommunistisches Land

③ der weitaus größte Teil der Bevölkerung ist katholisch

④ im Süden des Landes verlaufen Gebirge (Sudeten, Karpaten)

⑤ die Weichsel fließt durch das Land

PORTUGAL

① Mitglied der Europäischen Union (EU)

② Menschen aus diesem Land wurden als Seefahrer und Entdecker bekannt

③ zu diesem Land gehören die Azoren und Madeira

④ liegt am Atlantischen Ozean

⑤ das Land liegt auf der Iberischen Halbinsel

RUMÄNIEN

① im Land leben vorwiegend orthodoxe Christen

② Transsilvanien (Siebenbürgen) gehört zum Staat

③ durch das Land verlaufen die Karpaten (Ost- und Südkarpaten)

④ die Landeswährung heißt Leu

⑤ der Südwesten des Landes liegt auf der Balkanhalbinsel

RUSSLAND

① durch das Land fließt der längste europäische Fluss

② der Ladogasee liegt in diesem Staat

③ geschrieben wird mit kyrillischen Buchstaben

④ bezahlt wird mit dem Rubel

⑤ es ist der größte Staat Europas und der Erde

European Champion

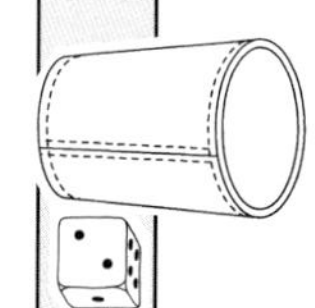

SAN MARINO

① seit dem Mittelalter ist es eine kleine Republik

② liegt an der Ostseite des Apenninengebirges

③ die wichtigste Einnahmequelle neben dem Fremdenverkehr ist der Briefmarkenverkauf

④ die Hauptstadt des Landes heißt genauso wie das Land

⑤ das Land steht unter dem Schutz Italiens

SCHWEDEN

① die Oberfläche dieses Landes ist stark durch die Eiszeiten gestaltet worden

② im Land leben u. a. Samen (Lappen)

③ im Norden des Landes gibt es bedeutende Eisenerzvorkommen

④ die gesamte Küste hat eine Länge von 7600 km

⑤ es ist das größte Land Skandinaviens

SCHWEIZ

① es ist ein politisch neutraler Staat

② im Land gibt es vier Amtssprachen

③ bekannt sind Uhren, Schokolade, Käse, ... aus diesem Land

④ es ist ein Alpenland

⑤ das Land ist aufgeteilt in Kantone

SLOWAKEI

① ein Binnenstaat

② fast ausschließlich slawische Bevölkerung

③ ein überwiegend gebirgiges Land (Karpaten)

④ das Land liegt unmittelbar nördlich von Ungarn

⑤ das Land bildete bis zum Jahr 1992 zusammen mit Tschechien einen Staat

SLOWENIEN

① wird überwiegend von Gebirge eingenommen (Alpen)

② Verkarstungserscheinungen u. a. mit Höhlen sind weit verbreitet

③ wird durchflossen von Drau und Save

④ Nachbarstaat Italiens

⑤ ehemals Teilrepublik Jugoslawiens

SPANIEN

① das Land ist ein typisches Urlaubsland

② im Land leben u. a. Basken

③ Heimatland des Tanzes Flamenco

④ die Straße von Gibraltar trennt das Land von Afrika

⑤ zum Staat gehört die Insel Mallorca

TSCHECHIEN

① das Land liegt in Mitteleuropa

② die Schneekoppe (Snezka) ist mit 1 603 m der höchste Berg dieses Landes

③ die Elbe entspringt in diesem Land

④ das Land besteht aus den Landesteilen Böhmen und Mähren

⑤ das Land bildete bis zum Jahr 1992 zusammen mit der Slowakei einen Staat

TÜRKEI

① fast die gesamte Bevölkerung bekennt sich zum Islam

② ehemalige Großmacht, die später als »kranker Mann am Bosporus« bezeichnet wurde

③ nur ein kleiner Teil des Landes liegt in Europa

④ der europäische Teil wird u. a. durch den Bosporus vom asiatischen Teil getrennt

⑤ auf der Nationalflagge des Landes sind ein Halbmond und ein fünfzackiger Stern zu sehen

UKRAINE

1. Land mit fruchtbarem Schwarzerdeboden
2. im Land leb(t)en Kosaken
3. Mitglied der Gemeinschaft unabhängiger Staaten (GUS)
4. zweitgrößter Staat Europas
5. im Land gab es im Jahr 1986 die Atomreaktorkatastrophe von Tschernobyl

UNGARN

1. im Land herrscht Kontinentalklima
2. im Jahr 1956 gab es einen Volksaufstand
3. ansässige Bewohner bezeichnen sich als »Magyaren«
4. Land mit Grassteppe (»Puszta«)
5. im Land liegt der Plattensee (»Balaton«)

VATIKANSTADT

1. es handelt sich um einen Stadtstaat (Kirchenstaat)
2. der Staat liegt innerhalb einer Millionenstadt
3. Ehrenwache durch die Schweizer Garde
4. kleinster Staat der Erde
5. der Papst ist das Staatsoberhaupt

WEISSRUSSLAND

1. das Land liegt in der Mischwaldzone Osteuropas
2. Land mit vielen Flüssen, Wäldern, Seen und Mooren
3. im südlichen Teil befinden sich die Pripjetsümpfe
4. der Staat gehörte zur Sowjetunion
5. der Staat wird (abgekürzt) auch »Belarus« genannt

ZYPERN

1. das Land wird landschaftlich von zwei Gebirgszügen und einer in der Mitte liegenden Ebene geprägt
2. im Staat leben hauptsächlich zwei Bevölkerungsgruppen
3. das Land ist nach einem Bodenschatz (Kupfer) benannt
4. es ist die drittgrößte Insel im Mittelmeer
5. der Inselstaat wurde im Jahr 1974 geteilt

19 Europa von A bis Z

Wissensspiel zu vielfältigen geografischen Phänomenen

Spielerzahl

2–6 Personen/Teams

Spielmaterialien

je Spieler: 1 Spielplan (Seite 58), evtl. 1 Atlas, evtl. 1 Stift
Spielleiter: 1 Lösungsblatt (Seite 59), Stift und Papier bzw. Kreide und Wandtafel

Spielregeln

Die Spieler sollen aufgrund von schriftlichen Hinweisen geografische Begriffe erraten. Vorgegeben wird jeweils der Anfangsbuchstabe des gesuchten Begriffs und eine Umschreibung. Die Spieler sind abwechselnd an der Reihe. Für jede richtige Antwort gibt es einen Punkt. Der Spielleiter notiert die Punkte.

Spielsieg

Gewinner ist, wer zum Schluss die meisten Punkte erreicht hat.

Spielvariationen

- Die Begriffe werden der Reihe nach (A–Z) erraten.
- Alle Spieler haben gleichzeitig das Antwortrecht. Wer zuerst die richtige Antwort nennt, erhält einen Punkt.
- Als Hilfestellung dürfen Atlanten benutzt werden.
- Jeder Spieler soll seinen Spielplan möglichst vollständig ausfüllen.
- Es kann nach anderen geografischen Begriffen gefragt werden. Außerdem kann das Spiel auch andersherum gespielt werden: Die geografischen Begriffe werden vorgegeben und die Umschreibungen sollen gesucht werden. Für diese Spielvariationen ist die Blanko-Vorlage (Seite 60) vorgesehen.

Europa von A bis Z

ANFANGS-BUCH-STABE	HINWEIS	GEOGRAFISCHER NAME	PUNKTE
A	Zwergstaat zwischen Frankreich und Spanien		
B	Meerenge zwischen Europa und Asien		
C	alte englische Universitätsstadt		
D	zweitlängster Fluss Europas		
E	baltischer Staat		
F	vorherrschende Küstenform in Norwegen		
G	britischer Stützpunkt auf der Pyrenäenhalbinsel		
H	Hauptstadt von Finnland		
I	niederländisches Meer		
J	dänische Halbinsel		
K	Hochgebirge im östlichen Europa (u. a. durch Rumänien)		
L	größter Binnensee Europas		
M	höchster Berg Europas		
N	Landspitze im Norden Norwegens		
O	großes Binnenrandmeer		
P	Landschaft im Süden Frankreichs (östlich der Rhône)		
Q	einer der sieben Hügel Roms		
R	Nachbarstaat Bulgariens		
S	größte italienische Insel		
T	Nebenmeer des Mittelmeers		
U	Grenzgebirge, das Europa von Asien trennt		
V	Vulkan in der Nähe von Neapel		
W	Fluss durch Warschau		
X	Stadt im Nordosten Griechenlands		
Y	Stadt und Grafschaft in England		
Z	Hauptstadt von Kroatien		
NAME(N):		**GESAMTPUNKTZAHL:**	

Europa von A bis Z – Lösungen

ANFANGS-BUCH-STABE	HINWEIS	GEOGRAFISCHER NAME	PUNKTE
A	Zwergstaat zwischen Frankreich und Spanien	*Andorra*	
B	Meerenge zwischen Europa und Asien	*Bosporus*	
C	alte englische Universitätsstadt	*Cambridge*	
D	zweitlängster Fluss Europas	*Donau*	
E	baltischer Staat	*Estland*	
F	vorherrschende Küstenform in Norwegen	*Fjordküste*	
G	britischer Stützpunkt auf der Pyrenäenhalbinsel	*Gibraltar*	
H	Hauptstadt von Finnland	*Helsinki*	
I	niederländisches Meer	*Ijsselmeer*	
J	dänische Halbinsel	*Jütland*	
K	Hochgebirge im östlichen Europa (u. a. durch Rumänien)	*Karpaten*	
L	größter Binnensee Europas	*Ladogasee*	
M	höchster Berg Europas	*Montblanc*	
N	Landspitze im Norden Norwegens	*Nordkap*	
O	großes Binnenrandmeer	*Ostsee*	
P	Landschaft im Süden Frankreichs (östlich der Rhône)	*Provence*	
Q	einer der sieben Hügel Roms	*Quirinal*	
R	Nachbarstaat Bulgariens	*Rumänien*	
S	größte italienische Insel	*Sizilien*	
T	Nebenmeer des Mittelmeers	*Tyrrhenisches Meer*	
U	Grenzgebirge, das Europa von Asien trennt	*Uralgebirge*	
V	Vulkan in der Nähe von Neapel	*Vesuv*	
W	Fluss durch Warschau	*Weichsel*	
X	Stadt im Nordosten Griechenlands	*Xanthi*	
Y	Stadt und Grafschaft in England	*York*	
Z	Hauptstadt von Kroatien	*Zagreb*	

NAME(N): **GESAMTPUNKTZAHL:**

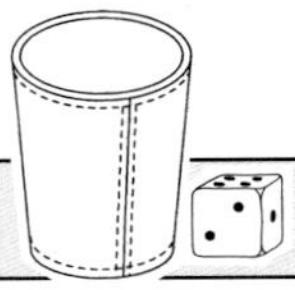

Europa von A bis Z – Blanko-Vorlage

ANFANGS-BUCH-STABE	HINWEIS	GEOGRAFISCHER NAME	PUNKTE
A			
B			
C			
D			
E			
F			
G			
H			
I			
J			
K			
L			
M			
N			
O			
P			
Q			
R			
S			
T			
U			
V			
W			
X			
Y			
Z			

NAME(N): **GESAMTPUNKTZAHL:**

20 Tour d'Europe

Quizspiel zum Erdkundewissen

Hinweise zur Herstellung

Die Vorlagen auf den Seiten 62–64 werden auf einen härteren Untergrund kopiert oder nach dem Kopieren auf einen Karton geklebt. Anschließend werden die Karten auseinandergeschnitten. Nun können auf die Rückseiten die jeweiligen Quizaufgaben, z. B. »Nenne europäische Hochgebirge«, oder nur die jeweiligen Überschriften, z. B. »Europäische Hochgebirge«, notiert werden.
Mithilfe der Blanko-Vorlage (Seite 65) lassen sich weitere Aufgaben in das Spiel aufnehmen.

Spielerzahl

2–4 Spieler (oder Teams)

Spielmaterialien

24 Spielkarten, 1 Stift, Papier bzw. Kreide und Wandtafel, evtl. 1 Europakarte,
evtl. je Spieler 1 Stift und Papier

Spielregeln

Die 24 Spielkarten werden in der vorgegebenen Reihenfolge (siehe Seite 62–64) oder nach vorherigem Mischen mit der Rückseite nach oben auf einen Stapel gelegt.
Die Spieler lösen der Reihe nach stets die Quizaufgabe, die auf der augenblicklich oben auf dem Stapel liegenden Spielkarte notiert ist. Aufgabe ist es, möglichst viele passende geografische Namen innerhalb Europas zu nennen.
Nach Umdrehen der betreffenden Spielkarte lässt sich feststellen, wie viele richtige Antworten der Spieler hat. Für jede richtige Antwort gibt es einen Punkt.
Die Spielkarten, deren Angaben zumindest teilweise korrekt genannt wurden, werden aus dem Spiel genommen.

Spielsieg

Es wird so lange gespielt, bis keine Karte mehr im Spiel ist. Wer zum Schluss die meisten Punkte aufweist oder eine vorher vereinbarte Punktzahl (z. B. 30 Punkte) erreicht hat, hat gewonnen.

Spielvariationen

- Die Spieler müssen die Lage der genannten geografischen Erscheinung auf einer Europakarte (z. B. Wandkarte) zeigen.
- Alle Karten werden mit der Rückseite nach oben beliebig auf dem Tisch verteilt. Die Spieler können sich der Reihe nach eine Karte aussuchen.
- Alle Spieler haben zu der jeweiligen Spielkarte gleichzeitig das Antwortrecht. Sie notieren ihre Antworten auf einem Blatt Papier.
- Es wird festgelegt, wie viele Antworten maximal gegeben werden dürfen, z. B. fünf Antworten.
- Den Spielern werden jeweils fünf auf einer Spielkarte vorgegebene Antworten genannt. Die passende Überschrift muss gefunden werden.

Tour d'Europe

HOCHGEBIRGE IN EUROPA

Skanden
Karpaten
Alpen
Pyrenäen
Kantabrisches Gebirge
Kastilisches Scheidegebirge
Apenninengebirge
Dinarisches Gebirge
Balkangebirge
...

HOHE BERGE IN EUROPA

Montblanc
Monte Rosa
Matterhorn
Finsteraarhorn
Jungfrau
Gran Paradiso
Piz Bernina
Ortler
Monte Viso
Großglockner
...

LANGE FLÜSSE IN EUROPA

Wolga
Donau
Dnjepr
Kama
Don
Petschora
Oka
Bjelja
Dnjestr
Rhein
...

GROSSE BINNENSEEN IN EUROPA

Ladogasee
Onegasee
Vänersee
Vättersee
Mälarsee
Saimaasee
Inarisee
Plattensee
Genfer See
Bodensee
...

GROSSE INSELN IN EUROPA

Große Britische Insel (GB)
Island
Irland
Nowaja-Semlja
Spitzbergen
Sizilien
Sardinien
Korsika
Kreta
Seeland
...

GROSSE HALBINSELN IN EUROPA

Skandinavische Halbinsel
Halbinsel Kola
Jütland
Iberische Halbinsel
Apenninenhalbinsel
Balkanhalbinsel
Peloponnes
Istrien
Krim
Bretagne
...

MEER BZW. MEERESTEILE IN EUROPA

Europäisches Nordmeer
Barentssee
Nordsee
Ostsee
Mittelmeer
Tyrrhenisches Meer
Adriatisches Meer
Ionisches Meer
Ägäisches Meer
Schwarzes Meer
...

MEERESSTRASSEN/MEERENGEN IN EUROPA

Bosporus
Dardanellen
Straße von Otranto
Straße von Messina
Straße von Gibraltar
Straße von Dover
Sankt-Georgs-Kanal
Kleiner Belt
Großer Belt
Öresund
...

Tour d'Europe

STAATEN IN NORDEUROPA

Island
Norwegen
Schweden
Finnland
Dänemark

STAATEN IN WESTEUROPA

Irland
Großbritannien
Niederlande
Belgien
Luxemburg
Frankreich
Monaco
Andorra

STAATEN IN MITTELEUROPA

Deutschland
Polen
Tschechien
Slowakei
Österreich
Liechtenstein
Schweiz

STAATEN IN SÜDEUROPA

Portugal
Spanien
Italien
San Marino
Vatikanstadt
Malta
Griechenland
Türkei (europäischer Teil)
Zypern

STAATEN IN SÜDOSTEUROPA

Ungarn
Rumänien
Bulgarien
Makedonien
Albanien
Serbien und Montenegro
Kroatien
Bosnien-Herzegowina
Slowenien

STAATEN IN OSTEUROPA

Litauen
Lettland
Estland
Weißrussland
Russland (europäischer Teil)
Ukraine
Republik Moldau

BINNENSTAATEN IN EUROPA

Luxemburg
Andorra
Schweiz
Liechtenstein
Österreich
San Marino
Vatikanstadt
Tschechien
Slowakei
Ungarn
Makedonien
Republik Moldau
Weißrussland

NACHBARSTAATEN DEUTSCHLANDS

Dänemark
Polen
Tschechien
Österreich
Schweiz
Frankreich
Luxemburg
Belgien
Niederlande

FLÄCHENGRÖSSTE STAATEN IN EUROPA

Russland (europäischer Teil)
Ukraine
Frankreich
Spanien
Deutschland
Schweden
Finnland
Norwegen
Polen
Italien

Im Weltvergleich Platz 1–69

ZWERGSTAATEN IN EUROPA

Andorra
Monaco
Liechtenstein
San Marino
Vatikanstadt
Malta

MONARCHIEN IN EUROPA (KÖNIGREICHE, HERZOG- UND FÜRSTENTÜMER)

Großbritannien
Norwegen
Schweden
Dänemark
Niederlande
Belgien
Luxemburg
Andorra
Spanien
Monaco
Liechtenstein

EUROPÄISCHE STAATEN AM/IM MITTELMEER

Spanien
Frankreich
Monaco
Italien
Malta
Slowenien
Kroatien
Bosnien-Herzegowina
Serbien und Montenegro
Albanien
Griechenland
Türkei (europäischer Teil)

STAATEN AN DER NORDSEE

Großbritannien
Norwegen
Schweden
Dänemark
Deutschland
Niederlande
Belgien
Frankreich

STAATEN AN DER OSTSEE

Dänemark
Schweden
Finnland
Russland
Estland
Lettland
Litauen
Polen
Deutschland

STAATEN IN DEN ALPEN

Frankreich
Italien
Schweiz
Deutschland
Liechtenstein
Österreich
Slowenien

SEHENSWÜRDIGKEITEN IN EUROPA

Eiffelturm
Atomium
Brandenburger Tor
Hradschin
Stephansdom
Kleine Meerjungfrau
Kolosseum
Akropolis
Kreml
Hagia Sophia
...

Tour d'Europe – Blanko-Vorlage

21 EU-Agent

Quiz zur Europäischen Union

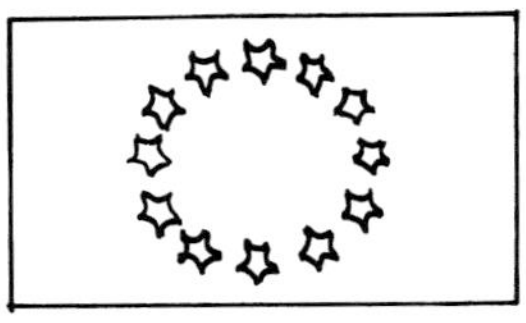

»Europa wächst zusammen.« Die Europäische Union (EU), ein Zusammenschluss europäischer Staaten, ist im Laufe der Zeit immer größer geworden. Die Europäische Union zählt seit Januar 2007 27 Mitgliedsstaaten.

Kennzeichne die Mitgliedsstaaten in der Karte farbig!

Spielerzahl
ab 2 Personen

Spielmaterialien
je Spieler: 1 Spielplan (Seite 67), 1 Stift, evtl. 1 Blatt Papier

Spielregeln
Vor Spielbeginn erkundigen sich die Spieler über die Europäische Union, z. B. in der Bibliothek oder im Internet. Dabei denken sich die Spieler Quizaufgaben bzw. -fragen aus, die die Europäische Union betreffen. Diese Fragen und die dazugehörigen Antworten notieren sie auf dem Spielplan.

Der Reihe nach dürfen die Spieler jeweils eine Quizfrage stellen. Wer die Antwort weiß, nennt diese. Ist die Antwort korrekt, erhält dieser Spieler einen Punkt. Ist die Antwort falsch und kein weiterer Spieler kann die richtige Antwort geben, erhält der Spieler einen Punkt, der die Quizfrage gestellt hat.
Es sollte vorher vereinbart werden, wie viele Spieler (z. B. 4 Spieler) nach der ersten falschen Antwort noch versuchen können, die richtige Antwort zu finden.

Spielsieg
Sieger ist, wer am Ende des Spiels (z. B. nach Ablauf einer vereinbarten Zeit) die meisten Punkte aufweist.

Spielvariation
- Die Spieler stellen der Reihe nach jeweils eine Quizfrage. Alle anderen Mitspieler notieren die Antworten auf ihrem Blatt Papier. Am Ende der Runde werden je nach Richtigkeit der Antworten Punkte verteilt. Entweder an den Fragesteller, wenn niemand die Antwort richtig hat, oder jeweils an die Spieler, die die Frage richtig beantworten konnten.

EU-Agent – Lösungen

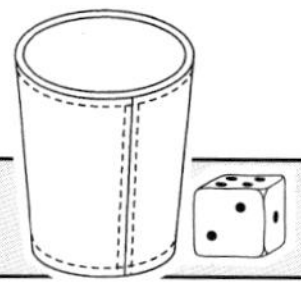

Informiere dich z. B. in der Bibliothek oder im Internet über die Europäische Union (EU). Überlege dir Quizfragen zum Thema und notiere sie in der Tabelle. Schreibe ebenfalls die Antworten dazu.

QUIZFRAGE	ANTWORT	PUNK-TE
NAME:	GESAMTPUNKTZAHL:	

22 »Buenos dias«

In welchen Ländern begrüßt und verabschiedet man sich mit diesen Worten?

1. »Guten Tag« »Auf Wiedersehen« ____________
2. »Boa tarde« »Ate a vista« ____________
3. »Dobrý den« »Na shledanou« ____________
4. »Buenos dias« »Adiós« ____________
5. »Dober dan« »Na svidenje« ____________
6. »Kalimera/Cherete« »Antio« ____________
7. »Dobar dan« »Do vidjenja« ____________ ____________
8. »God dag« »Hej då« ____________
9. »Hello« »Goodbye« ____________
10. »Bună ziua« »La revedere« ____________
11. »Hyvää päivää« »Näkemiin« ____________
12. »Goddag« »Farvel« ____________
13. »Jó napot« »A viszontlátásra« ____________
14. »İgi günler« »Allaha ısmarladık« ____________
15. »Dia duit/Haigh« »Slán« ____________
16. »Dzień dobry« »Do widzenia« ____________
17. »Buongiorno« »Arrividerci« ____________
18. »Goedendag« »Tot ziens« ____________
19. »God dag« »God morgen da« ____________
20. »Bonjour« »Au revoir« ____________

Lösungshilfe – die Namen der gesuchten Staaten in alphabetischer Reihenfolge

Bosnien-Herzegowina, Dänemark, Deutschland, Finnland, Frankreich, Griechenland, Großbritannien, Irland, Italien, Niederlande, Norwegen, Polen, Portugal, Rumänien, Schweden, Slowenien, Spanien, Tschechien, Türkei, Ungarn

»Buenos dias« – Lösungen

So begrüßt und verabschiedet man sich in folgenden Ländern:

1. »Guten Tag« »Auf Wiedersehen« – *Deutschland*
2. »Boa tarde« »Ate a vista« – *Portugal*
3. »Dobrý den« »Na shledanou« – *Tschechien*
4. »Buenos dias« »Adiós« – *Spanien*
5. »Dober dan« »Na svidenje« – *Slowenien*
6. »Kalimera/Cherete« »Antio« – *Griechenland*
7. »Dobar dan« »Do vidjenja« – *Bosnien-Herze-gowina*
8. »God dag« »Hej då« – *Schweden*
9. »Hello« »Goodbye« – *Großbritannien*
10. »Bună ziua« »La revedere« – *Rumänien*
11. »Hyvää päivää« »Näkemiin« – *Finnland*
12. »Goddag« »Farvel« – *Dänemark*
13. »Jó napot« »A viszontlátásra« – *Ungarn*
14. »İgi günler« »Allaha ısmarladık« – *Türkei*
15. »Dia duit/Haigh« »Slán« – *Irland*
16. »Dzień dobry« »Do widzenia« – *Polen*
17. »Buongiorno« »Arrivederci« – *Italien*
18. »Goedendag« »Tot ziens« – *Niederlande*
19. »God dag« »God morgen da« – *Norwegen*
20. »Bonjour« »Au revoir« – *Frankreich*

23 Pizza, Tapas und mehr

Ergänze zu den typischen Speisen und Getränken jeweils den passenden Staat.

SPEISE / GETRÄNK		STAAT
1	Baguette	
2	Bigos	
3	Ayran	
4	Emmentaler	
5	Borschtsch	
6	Tapas	
7	Stamppot	
8	Gulasch	
9	Ham and Eggs	
10	Halloumi	
11	Judd mat Gaardeboonen	
12	Köttbullar	
13	Kaiserschmarren	
14	Kebab	
15	Ouzo	
16	Paella	
17	Pizza	
18	Portwein	
19	Smörrebröd	
20	Souflaki	
21	Fatánvéros	
22	Karster Schinken	
23	Waffeln	
24	Whisky	
25	Wodka	

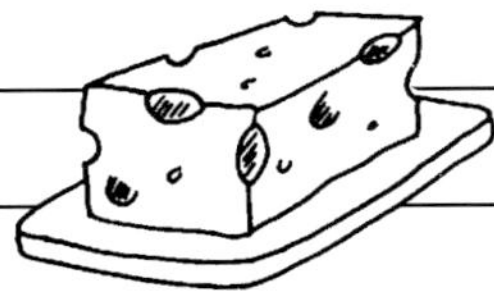

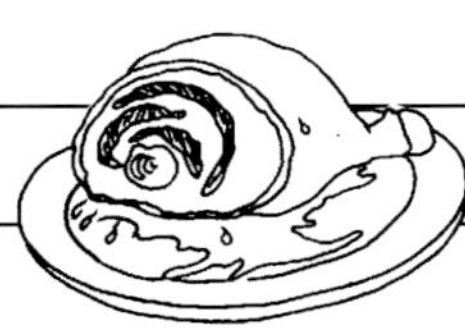

Lösungshilfe – die angesprochenen Staaten in alphabetischer Reihenfolge
Belgien, Dänemark, Frankreich, Griechenland, Griechenland, Großbritannien, Irland, Italien, Luxemburg, Niederlande, Österreich, Polen, Portugal, Russland, Schweden, Schweiz, Slowenien, Spanien, Spanien, Türkei, Türkei, Ukraine, Ungarn, Ungarn, Zypern

Pizza, Tapas und mehr – Lösungen

	SPEISE / GETRÄNK	STAAT
1	Baguette	*Frankreich*
2	Bigos	*Polen*
3	Ayran	*Türkei*
4	Emmentaler	*Schweiz*
5	Borschtsch	*Ukraine*
6	Tapas	*Spanien*
7	Stamppot	*Niederlande*
8	Gulasch	*Ungarn*
9	Ham and Eggs	*Großbritannien*
10	Halloumi	*Zypern*
11	Judd mat Gaardeboonen	*Luxemburg*
12	Köttbullar	*Schweden*
13	Kaiserschmarren	*Österreich*
14	Kebab	*Türkei*
15	Ouzo	*Griechenland*
16	Paella	*Spanien*
17	Pizza	*Italien*
18	Portwein	*Portugal*
19	Smörrebröd	*Dänemark*
20	Souflaki	*Griechenland*
21	Fatánvéros	*Ungarn*
22	Karster Schinken	*Slowenien*
23	Waffeln	*Belgien*
24	Whisky	*Irland*
25	Wodka	*Russland*

24 Unterwegs in Europa

In welchen Städten und Staaten befinden sich die Sehenswürdigkeiten?

SEHENSWÜRDIGKEITEN		STADT	STAAT
1	Brandenburger Tor		
2	Denkmal der Ghetto-Helden		
3	Kolosseum		
4	Kreml		
5	Hradschin		
6	Mozarts Geburtshaus		
7	Hagia Sophia		
8	Margit-Sziget (Margareteninsel)		
9	Akropolis		
10	Stephansdom		
11	Winterpalast		
12	Schiefer Turm von P.		
13	Petersdom		
14	Manneken Pis		
15	Semperoper		
16	Völkerbundspalast		
17	Alhambra		
18	Turm des Klosters Belem		
19	Kleine Meerjungfrau		
20	Eiffelturm		
21	Atomium		
22	Anne-Frank-Haus (Prinsengracht)		
23	Big Ben		
24	Museo del Prado		
25	Holmenkollen		

Lösungshilfe – die angesprochenen Städte in alphabetischer Reihenfolge

Amsterdam, Athen, Berlin, Brüssel, Brüssel, Budapest, Dresden, Genf, Granada, Istanbul, Kopenhagen, Lissabon, London, Madrid, Moskau, Oslo, Paris, Pisa, Prag, Rom, Salzburg, St. Petersburg, Vatikanstadt, Warschau, Wien

	SEHENSWÜRDIGKEITEN	STADT	STAAT
1	Brandenburger Tor	*Berlin*	*Deutschland*
2	Denkmal der Ghetto-Helden	*Warschau*	*Polen*
3	Kolosseum	*Rom*	*Italien*
4	Kreml	*Moskau*	*Russland*
5	Hradschin	*Prag*	*Tschechien*
6	Mozarts Geburtshaus	*Salzburg*	*Österreich*
7	Hagia Sophia	*Istanbul*	*Türkei*
8	Margit-Sziget (Margareteninsel)	*Budapest*	*Ungarn*
9	Akropolis	*Athen*	*Griechenland*
10	Stephansdom	*Wien*	*Österreich*
11	Winterpalast	*St. Petersburg*	*Russland*
12	Schiefer Turm von P.	*Pisa*	*Italien*
13	Petersdom	*Vatikanstadt*	*Vatikanstadt*
14	Manneken Pis	*Brüssel*	*Belgien*
15	Semperoper	*Dresden*	*Deutschland*
16	Völkerbundspalast	*Genf*	*Schweiz*
17	Alhambra	*Granada*	*Spanien*
18	Turm des Klosters Belem	*Lissabon*	*Portugal*
19	Kleine Meerjungfrau	*Kopenhagen*	*Dänemark*
20	Eiffelturm	*Paris*	*Frankreich*
21	Atomium	*Brüssel*	*Belgien*
22	Anne-Frank-Haus (Prinsengracht)	*Amsterdam*	*Niederlande*
23	Big Ben	*London*	*Großbritannien*
24	Museo del Prado	*Madrid*	*Spanien*
25	Holmenkollen	*Oslo*	*Norwegen*

25 Nachbarstaaten Deutschlands

1. **Notiere die Nachbarstaaten Deutschlands und deren Hauptstädte!**

2. **Male die Flaggen der Staaten mit den richtigen Farben an und schreibe auf, um welches Land (Nr.) es sich handelt.**

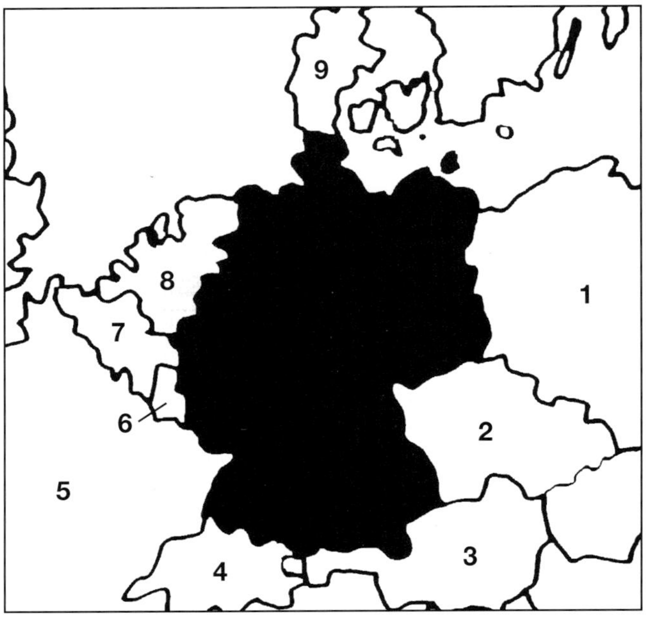

NR.	NACHBARSTAAT	HAUPTSTADT
1		
2		
3		
4		
5		
6		
7		
8		
9		

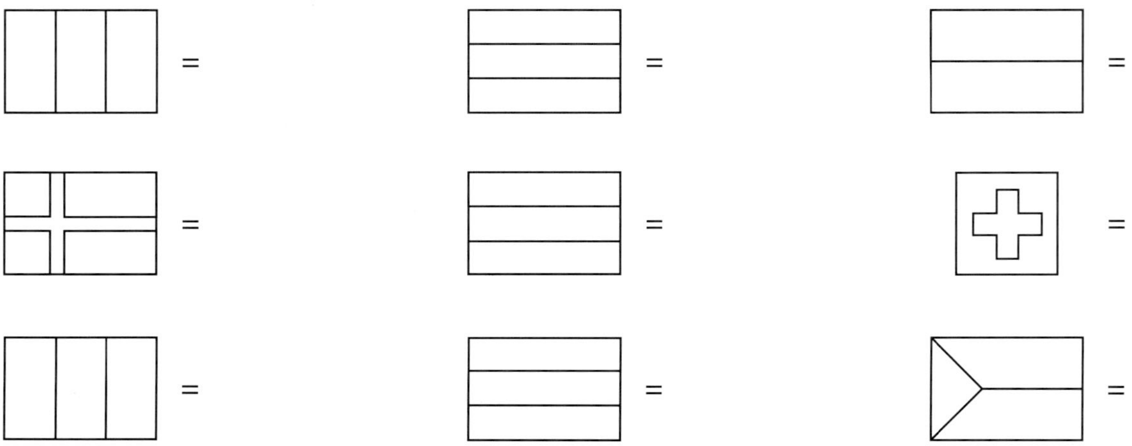

Nachbarstaaten Deutschlands – Lösungen

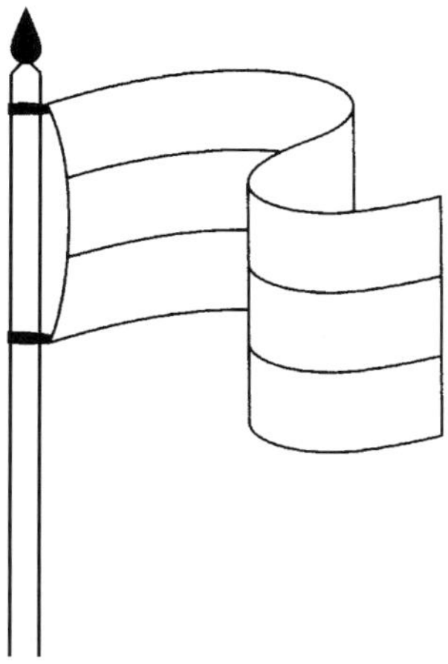

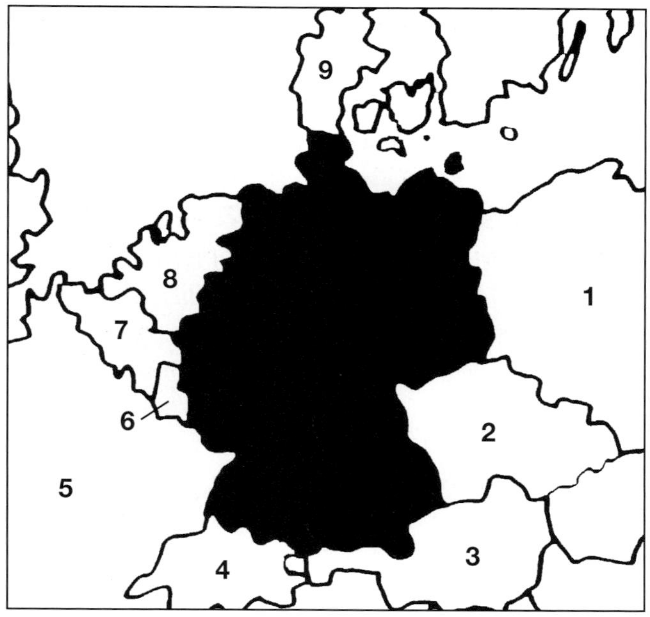

NR.	NACHBARSTAAT	HAUPTSTADT
1	*Polen*	*Warschau*
2	*Tschechien*	*Prag*
3	*Österreich*	*Wien*
4	*Schweiz*	*Bern*
5	*Frankreich*	*Paris*
6	*Luxemburg*	*Luxemburg*
7	*Belgien*	*Brüssel*
8	*Niederlande*	*Amsterdam*
9	*Dänemark*	*Kopenhagen*

Schwarz | Gold | Rot *= Belgien (7)*

Rot / Weiß / Blau *= Luxemburg (6)*

Weiß / Rot *= Polen (1)*

Rot | Rot / Rot | Rot (↑ Weiß) *= Dänemark (9)*

Rot / Weiß / Blau *= Niederlande (8)*

Rot (↑ Weiß) *= Schweiz (4)*

Blau | Weiß | Rot *= Frankreich (5)*

Rot / Weiß / Rot *= Österreich (3)*

Blau | Weiß / Rot *= Tschechien (2)*

Kartenspiel zu den Nachbarstaaten Deutschlands

Hinweise zur Herstellung

Die Vorlagen auf den Seiten 78–82 werden auf einen härteren Untergrund kopiert oder nach dem Kopieren auf einen Karton geklebt. Anschließend werden die Karten auseinandergeschnitten. Nun können die Schüler die Flaggen entsprechend der Originalfarben anmalen. Die Blanko-Vorlage auf Seite 83 ermöglicht die Erweiterung des Spiels.

Spielerzahl

3–6 Personen

Spielmaterialien

je 4 Spielkarten pro Land (Lage, Flagge, Nationalitätskennzeichen für Kraftfahrzeuge, Daten), insgesamt 40 Spielkarten

Spielregeln

Die 4 jeweiligen Spielkarten pro Land bilden ein Quartett. Ziel des Spiels liegt darin, möglichst viele Quartette zu bekommen.

Die Karten werden gut gemischt an die Spieler verteilt. Zu Spielbeginn wird vereinbart, welcher Spieler zuerst einen Mitspieler nach einer zur Bildung eines Quartetts nötigen Karte fragen darf. Hat dieser Spieler die angeforderte Karte, muss er sie an den fragenden Spieler abgeben. Der Spieler, der augenblicklich über das Fragerecht verfügt, darf so lange denselben oder andere Spieler nach gewünschten Karten fragen, bis ein gefragter Spieler die verlangte Karte nicht besitzt. Das Fragerecht geht dann auf den gefragten Spieler über.

Um eine Karte anzufordern, dürfen keine direkten Forderungen gestellt werden, wie z. B. »Ich möchte von dir die Lagekarte Frankreichs haben« oder »Gib mir die Flagge Dänemarks«. Vielmehr gelten folgende Frageregeln:

- Möchte ein Spieler eine bestimmte Lagekarte haben, muss er zuvor anhand von Himmelsrichtungen beschreiben, wo der jeweilige Staat liegt. Dies kann z. B. von Deutschland aus gesehen erfolgen.
- Ist eine Flaggenkarte gefragt, muss zuvor die jeweilige Flagge einschließlich der Farbgebung genannt werden.
- Nach der Nationalitätskennzeichenkarte wird mit der jeweiligen Abkürzung gefragt.
- Möchte ein Spieler eine bestimmte Zahlen- und Faktenkarte haben, muss er zuvor eine der drei Zahlen oder die Hauptstadt des betreffenden Staates nennen.

Hat ein Spieler ein Quartett vollständig, muss er seine Karten offen zeigen und neben sich ablegen.

Erdkunde-Quartett

Spielsieg

Gewinner ist der Spieler, dem es gelingt, die meisten der zehn im Spiel befindlichen Quartette zu sammeln.

Spielvariationen

- Die Karten werden nicht durch Fragen erworben, sondern aus dem Bestand der Gegner gezogen.
- Mit den vorliegenden Spielkarten lässt sich »Memory« spielen.
- Mithilfe der Blanko-Vorlage (Seite 83) lassen sich weitere geografische Quartettspiele herstellen, z. B. »Staaten der Europäischen Union«.

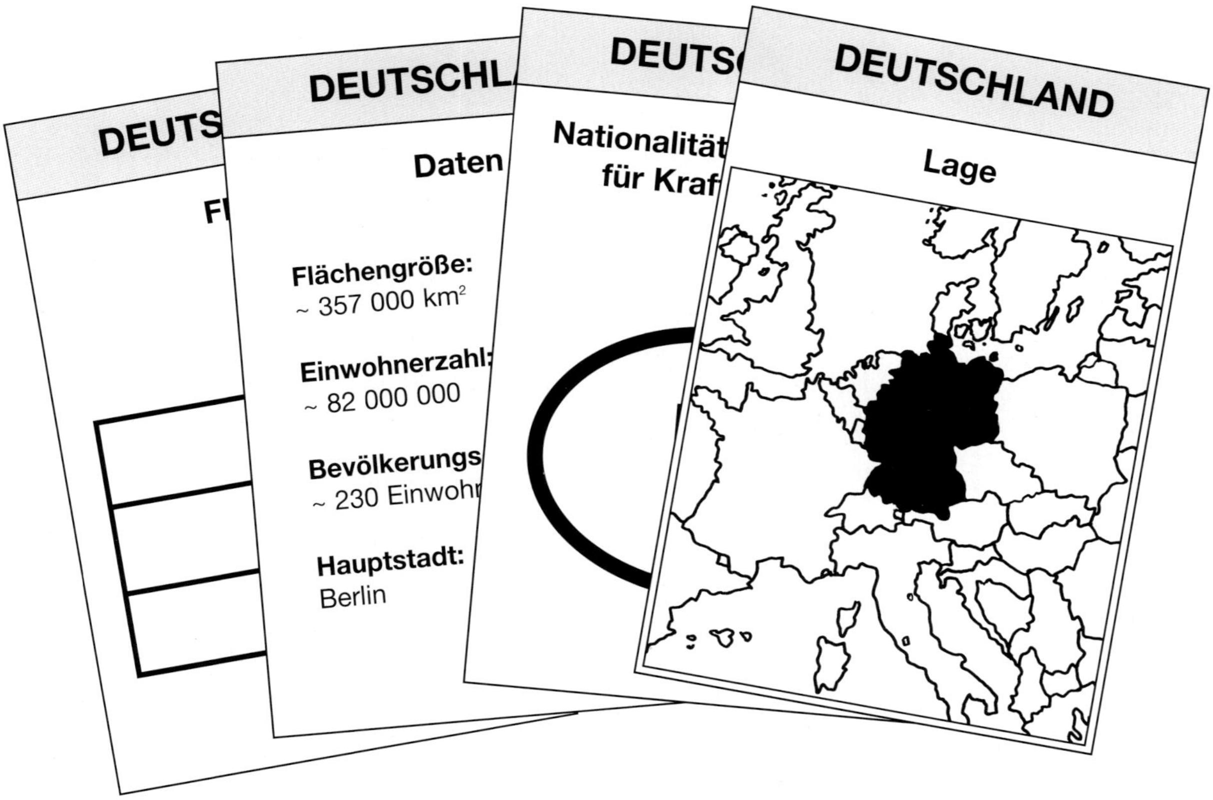

DÄNEMARK

Lage

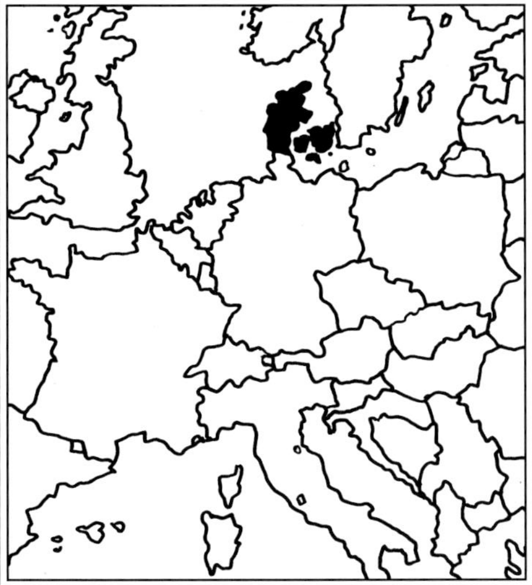

DÄNEMARK

Flagge

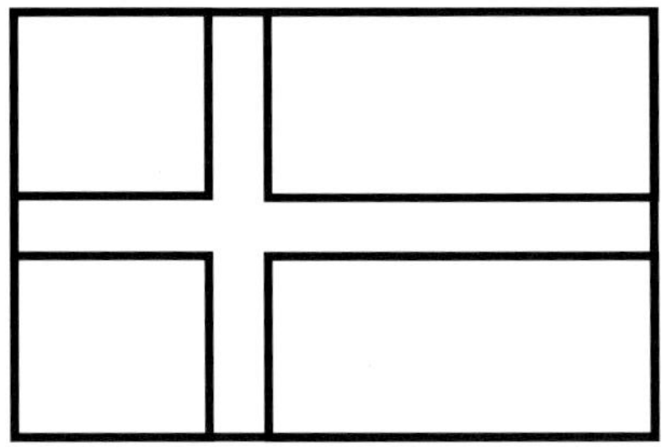

DÄNEMARK

Nationalitätskennzeichen für Kraftfahrzeuge

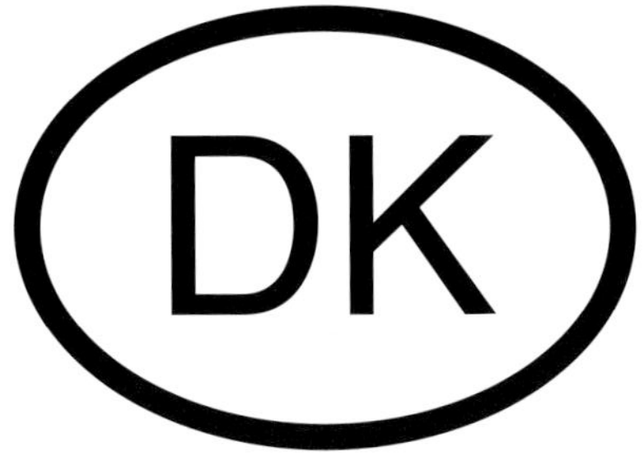

DÄNEMARK

Daten

Flächengröße:
~ 43 000 km²

Einwohnerzahl:
~ 5 000 000

Bevölkerungsdichte:
~ 116 Einwohner je km²

Hauptstadt:
Kopenhagen

POLEN

Lage

POLEN

Flagge

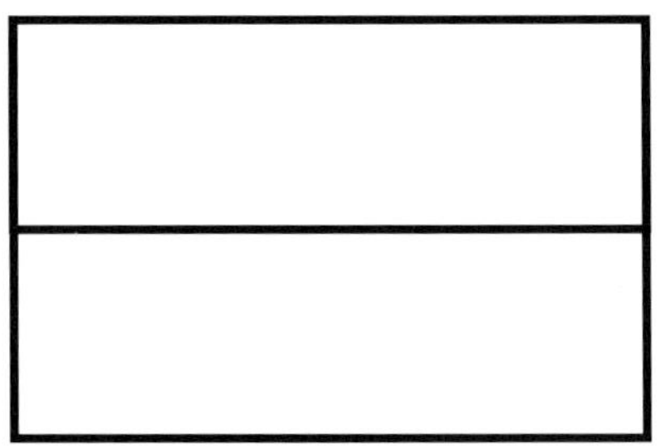

POLEN

Nationalitätskennzeichen für Kraftfahrzeuge

POLEN

Daten

Flächengröße:
~ 313 000 km²

Einwohnerzahl:
~ 39 000 000

Bevölkerungsdichte:
~ 125 Einwohner je km²

Hauptstadt:
Warschau

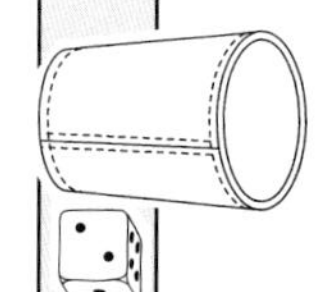

TSCHECHIEN

Lage

TSCHECHIEN

Flagge

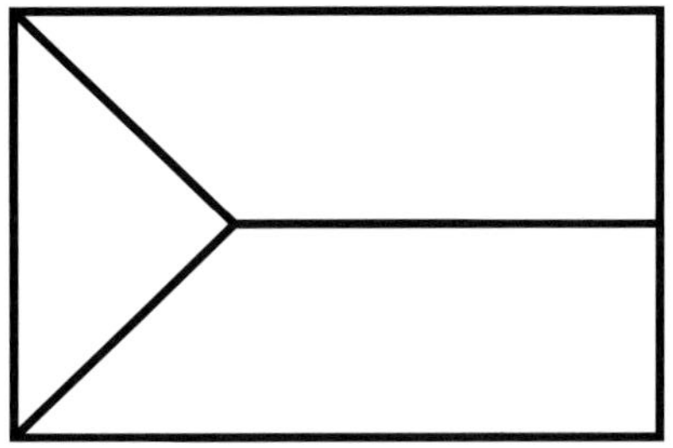

TSCHECHIEN

Nationalitätskennzeichen für Kraftfahrzeuge

TSCHECHIEN

Daten

Flächengröße:
~ 79 000 km²

Einwohnerzahl:
~ 10 000 000

Bevölkerungsdichte:
~ 130 Einwohner je km²

Hauptstadt:
Prag

ÖSTERREICH

Lage

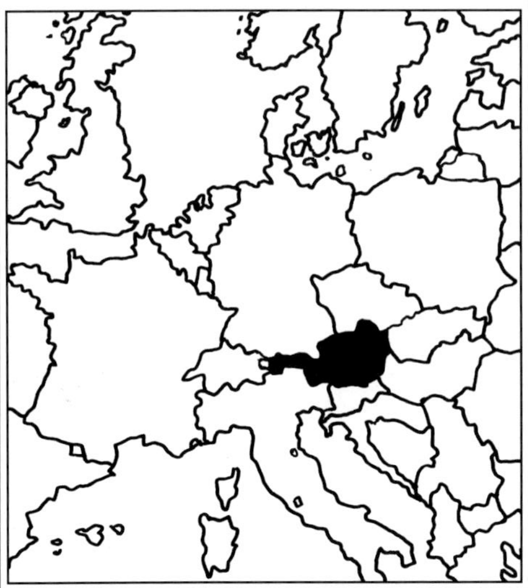

ÖSTERREICH

Flagge

ÖSTERREICH

Nationalitätskennzeichen für Kraftfahrzeuge

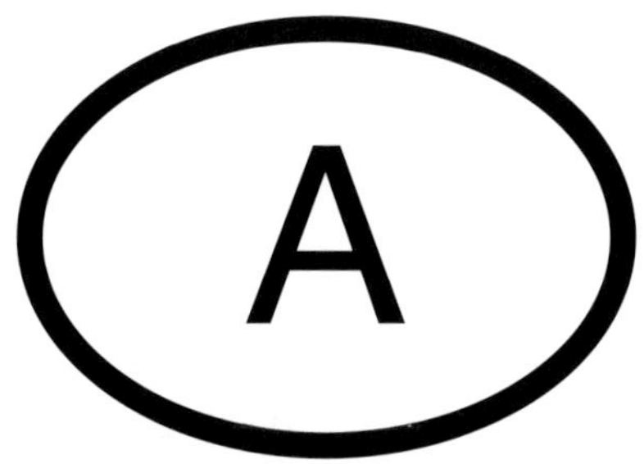

ÖSTERREICH

Daten

Flächengröße:
~ 84 000 km²

Einwohnerzahl:
~ 8 000 000

Bevölkerungsdichte:
~ 95 Einwohner je km²

Hauptstadt:
Wien

SCHWEIZ

Lage

SCHWEIZ

Flagge

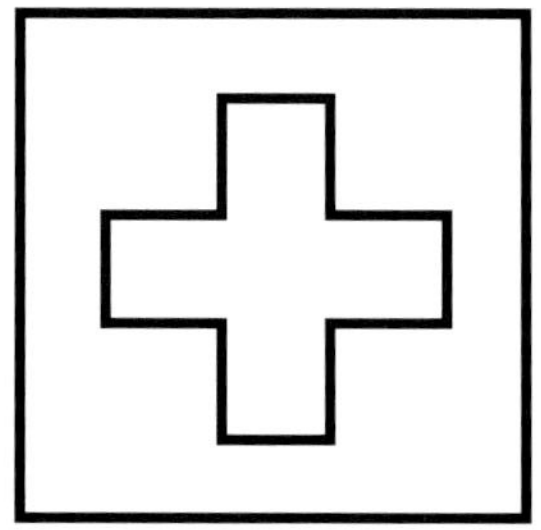

SCHWEIZ

Nationalitätskennzeichen für Kraftfahrzeuge

SCHWEIZ

Daten

Flächengröße:
~ 41 000 km²

Einwohnerzahl:
~ 7 000 000

Bevölkerungsdichte:
~ 170 Einwohner je km²

Hauptstadt:
Bern

FRANKREICH

Lage

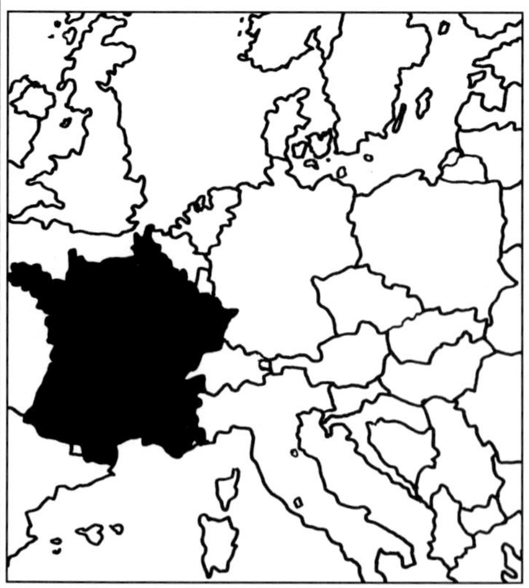

FRANKREICH

Flagge

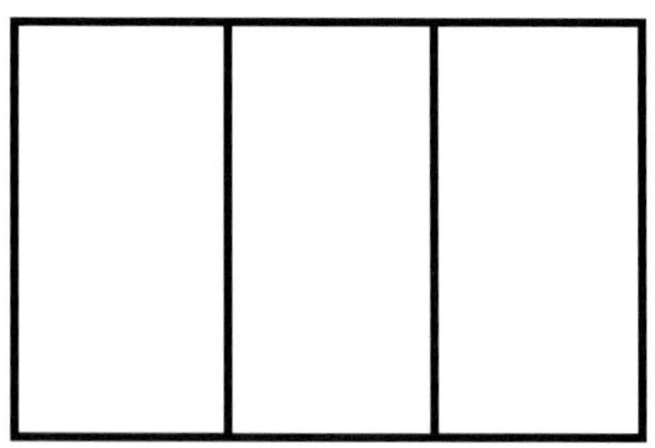

FRANKREICH

Nationalitätskennzeichen für Kraftfahrzeuge

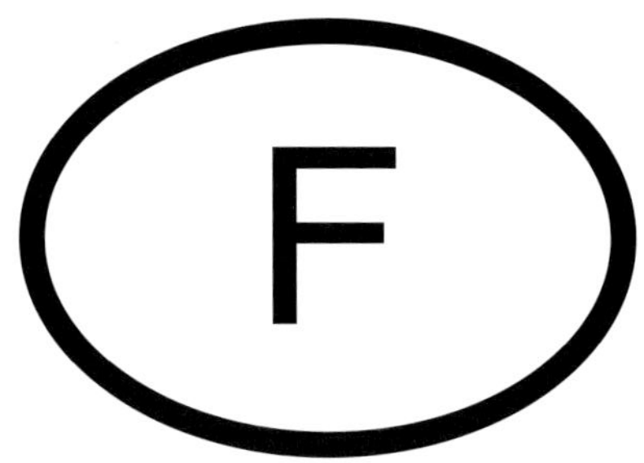

FRANKREICH

Daten

Flächengröße:
~ 544 000 km²

Einwohnerzahl:
~ 58 000 000

Bevölkerungsdichte:
~ 106 Einwohner je km²

Hauptstadt:
Paris

Erdkunde-Quartett

LUXEMBURG

Lage

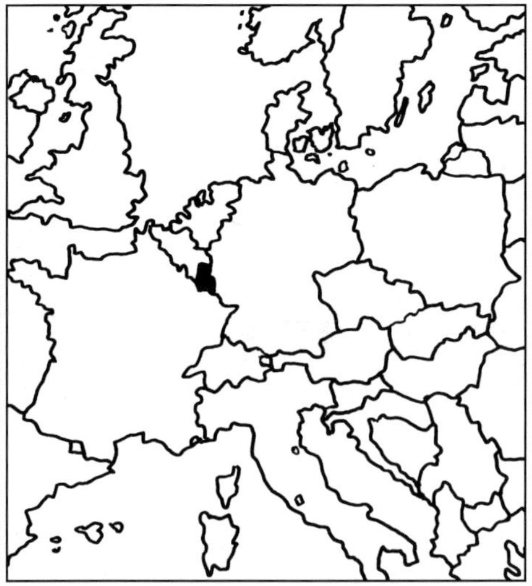

LUXEMBURG

Flagge

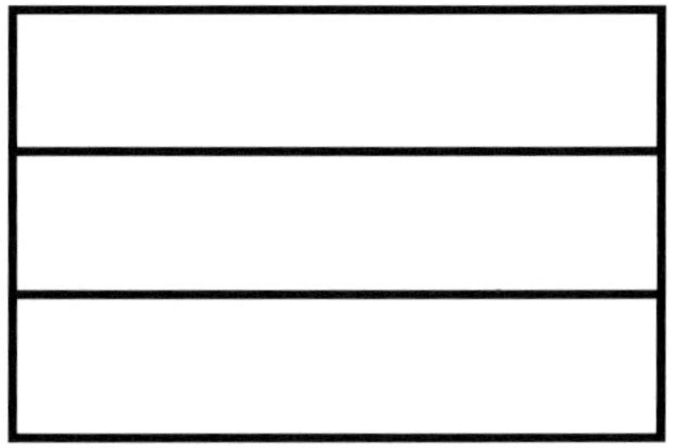

LUXEMBURG

Nationalitätskennzeichen für Kraftfahrzeuge

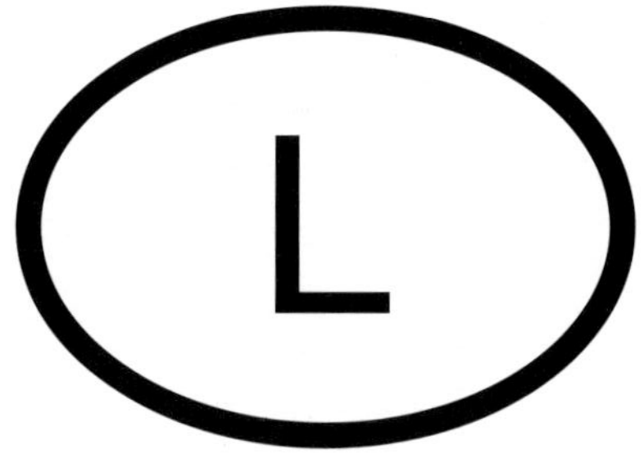

LUXEMBURG

Daten

Flächengröße:
~ 2 600 km^2

Einwohnerzahl:
~ 400 000

Bevölkerungsdichte:
~ 154 Einwohner je km^2

Hauptstadt:
Luxemburg

BELGIEN

Lage

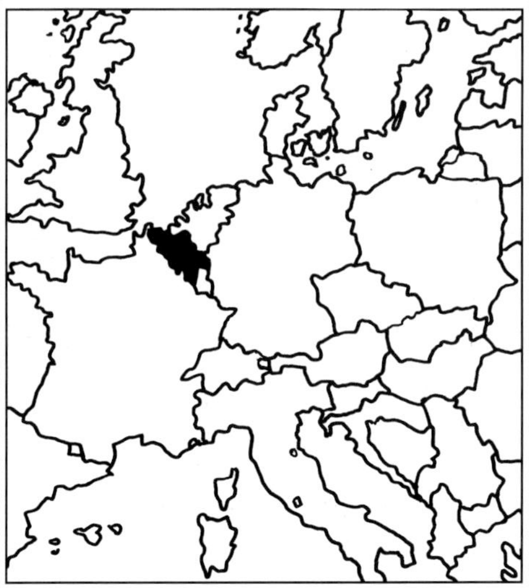

BELGIEN

Flagge

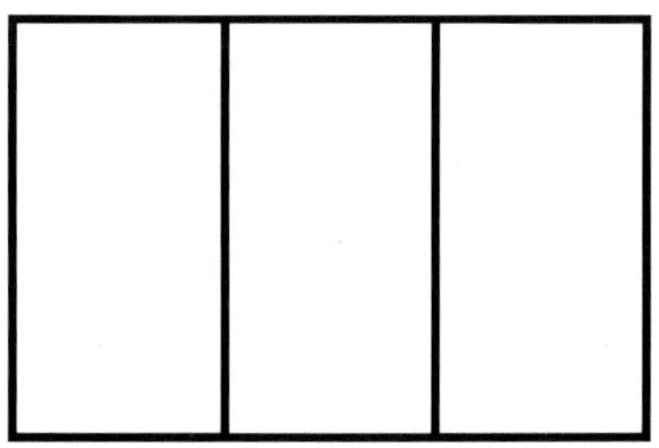

BELGIEN

Nationalitätskennzeichen für Kraftfahrzeuge

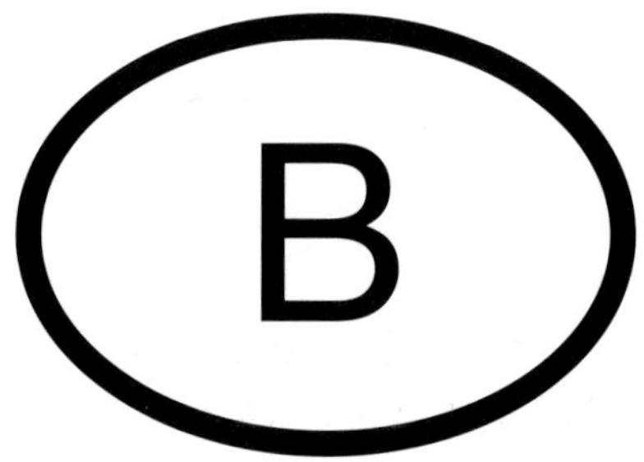

BELGIEN

Daten

Flächengröße:
~ 30 600 km^2

Einwohnerzahl:
~ 10 000 000

Bevölkerungsdichte:
~ 327 Einwohner je km^2

Hauptstadt:
Brüssel

NIEDERLANDE

Lage

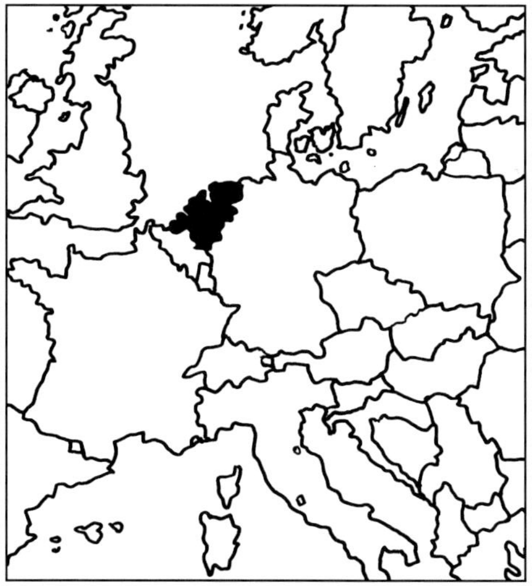

NIEDERLANDE

Flagge

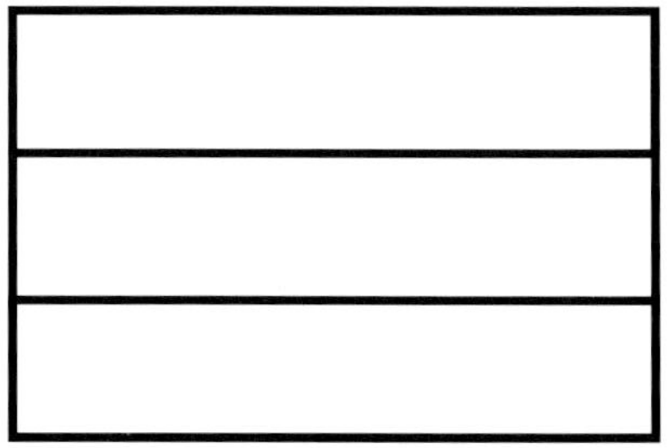

NIEDERLANDE

Nationalitätskennzeichen für Kraftfahrzeuge

NIEDERLANDE

Daten

Flächengröße:
~ 42 000 km²

Einwohnerzahl:
~ 16 000 000

Bevölkerungsdichte:
~ 380 Einwohner je km²

Hauptstadt:
Amsterdam

DEUTSCHLAND

Lage

DEUTSCHLAND

Flagge

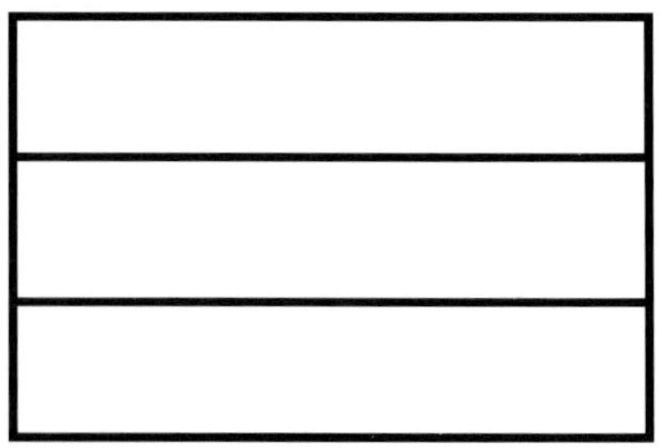

DEUTSCHLAND

Nationalitätskennzeichen für Kraftfahrzeuge

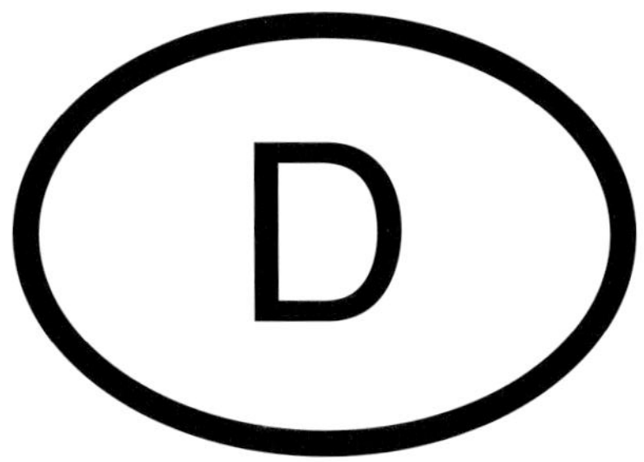

DEUTSCHLAND

Daten

Flächengröße:
~ 357 000 km²

Einwohnerzahl:
~ 82 000 000

Bevölkerungsdichte:
~ 230 Einwohner je km²

Hauptstadt:
Berlin

Erdkunde-Quartett – Blanko-Vorlage

Daten

Flächengröße:

Einwohnerzahl:

Bevölkerungsdichte:

Hauptstadt:

Nationalitätskennzeichen für Kraftfahrzeuge

Flagge

Lage

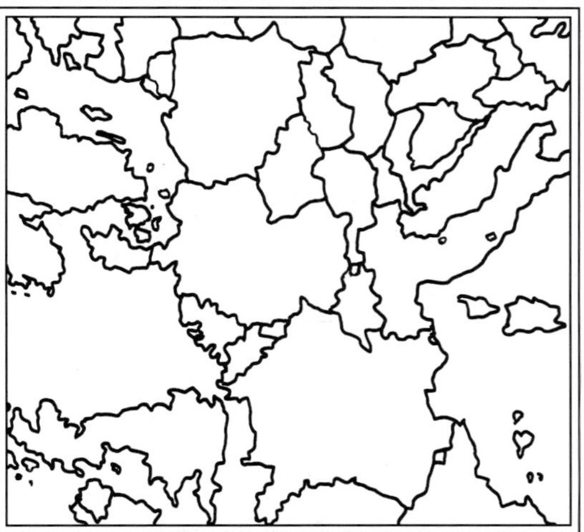

Daten

Flächengröße:

Einwohnerzahl:

Bevölkerungsdichte:

Hauptstadt:

Nationalitätskennzeichen für Kraftfahrzeuge

Flagge

Lage

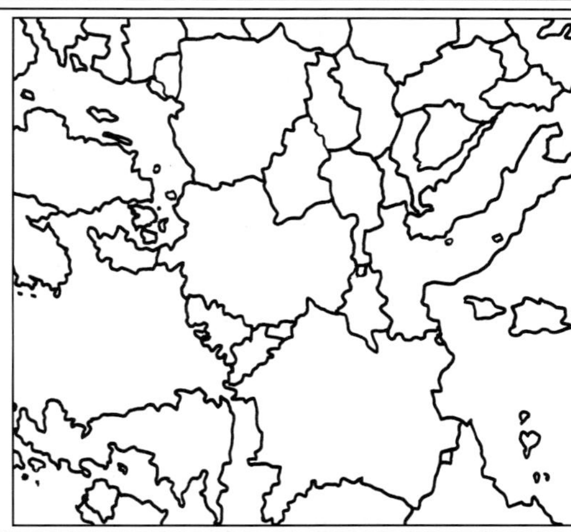

27 Staaten im Vergleich

Ergänze die fehlenden Angaben zu Deutschlands Nachbarstaaten.

Staats-name	Staatsform		Währung			Amtssprache(n)	
		Berlin		~ 357 000	~ 82 000 000		Christen: ~34 % Protestanten ~33 % Katholiken
		Kopenhagen		~ 43 000	~ 5 000 000		Christen: ~90 % Protestanten
		Warschau		~ 313 000	~ 39 000 000		Christen: ~91 % Katholiken
		Prag		~ 79 000	~ 10 000 000		Christen: ~40 % Katholiken ~40 % konfessionslos
		Wien		~ 84 000	~ 8 000 000		Christen: ~78 % Katholiken

Staaten im Vergleich

Staatsname	Staatsform		Währung			Amtssprache(n)	
		Bern		~ 41 000	~ 7 000 000		Christen: ~46 % Katholiken ~40 % Protestanten
		Paris		~ 544 000	~ 58 000 000		Christen: > 80 % Katholiken
		Luxemburg		~ 2 600	~ 400 000		Christen: > 90 % Katholiken
		Brüssel		~ 30 600	~ 10 000 000		Christen: ~90 % Katholiken
		Amsterdam		~ 42 000	~ 16 000 000		Christen: ~36 % Katholiken ~26 % Protestanten ~30 % konfessionslos

Staaten im Vergleich – Lösungen

Staatsname	Staatsform	*Hauptstadt*	Währung	*Flächengröße (km^2)*	*Einwohnerzahl*	Amtssprache(n)	*Hauptreligion*
Deutschland	*Parlamentarischer Bundesstaat*	Berlin	*Euro*	~ 357 000	~ 82 000 000	*Deutsch*	Christen: ~34 % Protestanten ~33 % Katholiken
Dänemark	*Parlamentarische Monarchie*	Kopenhagen	*Dänische Krone*	~ 43 000	~ 5 000 000	*Dänisch*	Christen: ~90 % Protestanten
Polen	*Republik*	Warschau	*Zloty*	~ 313 000	~ 39 000 000	*Polnisch*	Christen: ~91 % Katholiken
Tschechien	*Republik*	Prag	*Tschechische Krone*	~ 79 000	~ 10 000 000	*Tschechisch*	Christen: ~40 % Katholiken ~40 % konfessionslos
Österreich	*Parlamentarische Bundesrepublik*	Wien	*Euro*	~ 84 000	~ 8 000 000	*Deutsch, z. T. Slowenisch, Kroatisch*	Christen: ~78 % Katholiken
Schweiz	*Parlamentarische Bundesrepublik*	Bern	*Schweizer Franken*	~ 41 000	~ 7 000 000	*Deutsch, Französisch, Italienisch, z. T. Rätoromanisch*	Christen: ~46 % Katholiken ~40 % Protestanten
Frankreich	*Parlamentarische Republik*	Paris	*Euro*	~ 544 000	~ 58 000 000	*Französisch*	Christen: > 80 % Katholiken
Luxemburg	*Konstitutionelle Monarchie*	Luxemburg	*Euro*	~ 2 600	~ 400 000	*Französisch, Deutsch, Luxemburgisch*	Christen: > 90 % Katholiken
Belgien	*Parlamentarische Monarchie*	Brüssel	*Euro*	~ 30 600	~ 10 000 000	*Niederländisch (Flämisch), Französisch, z. T. Deutsch*	Christen: ~90 % Katholiken
Niederlande	*Parlamentarische Monarchie*	Amsterdam	*Euro*	~ 42 000	~ 16 000 000	*Niederländisch, z. T. Friesisch*	Christen: ~36 % Katholiken ~26 % Protestanten ~30 % konfessionslos

Staaten im Vergleich – Blanko-Vorlage

Staatsname	Staatsform	Hauptstadt	Währung	Flächengröße (km^2)	Einwohnerzahl	Amtssprache(n)	Hauptreligion

28 Erdkunde-Führerschein

Schriftliche Prüfung: Staaten, Hauptstädte und Inseln

Hinweise zur Herstellung

Die Seiten 89 und 90 werden kopiert und Rücken an Rücken zusammengeklebt. Anschließend wird der Führerschein an der Punktlinie zusammengefaltet.
Man kann die Seiten auch gleich auf die Vorder- und Rückseite eines DIN-A4-Blattes kopieren.

Spielerzahl

ab 2 Personen

Spielmaterialien

je Spieler: 1 Erdkunde-Führerschein, 1 Stift, 1 Lösungsblatt (Seite 91)

Spielregeln

Jeder Spieler hat einen Erdkunde-Führerschein vor sich liegen.
Innerhalb einer festgelegten Zeit beantworten die Spieler – jeder für sich allein – die Führerscheinfragen schriftlich.
Danach werden die Führerscheine untereinander ausgetauscht und mithilfe des Lösungsblatts kontrolliert.
Es sind maximal 50 Punkte zu erreichen. Um die Führerscheinprüfung zu bestehen, sollten mindestens 40 Punkte (75 %) erreicht werden.

Spielsieg

Gewinner ist, wer die meisten Punkte erreicht.

Spielvariation

▷ Es wird ein Erdkunde-Führerschein mit einem anderen Inhalt und/bzw. Schwierigkeitsgrad entworfen.

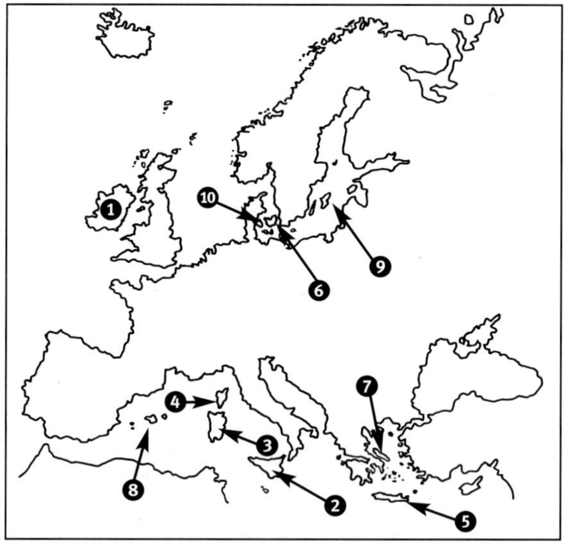

Wie heißen die mit Zahlen gekennzeichneten Inseln?

1. ....
2. ....
3. ....
4. ....
5. ....
6. ....
7. ....
8. ....
9. ....
10. ....

Erdkunde-Führerschein Europa

für

....
Name

....
Klasse

Prüfungsdatum: ....

Punktzahl: ....

Prüfung bestanden/nicht bestanden

....
Unterschrift des Prüfers

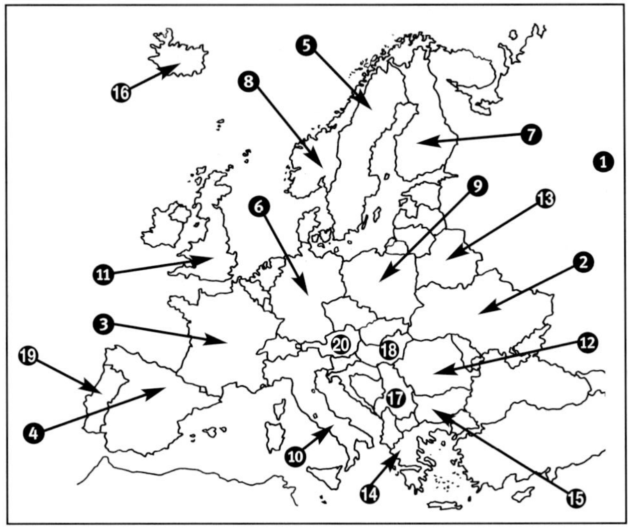

Wie lauten die Namen der mit Zahlen gekennzeichneten Staaten?

1. ....
2. ....
3. ....
4. ....
5. ....
6. ....
7. ....
8. ....
9. ....
10. ....
11. ....
12. ....
13. ....
14. ....
15. ....
16. ....
17. ....
18. ....
19. ....
20. ....

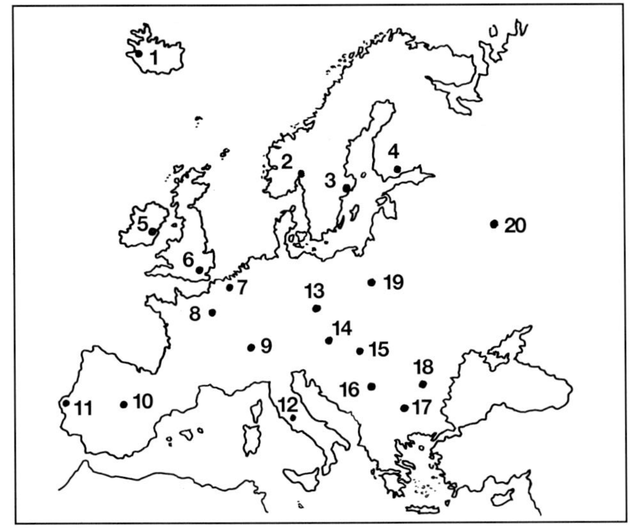

Wie heißen die auf der oberen Karte markierten Hauptstädte?

1. ....
2. ....
3. ....
4. ....
5. ....
6. ....
7. ....
8. ....
9. ....
10. ....
11. ....
12. ....
13. ....
14. ....
15. ....
16. ....
17. ....
18. ....
19. ....
20. ....

Erdkunde-Führerschein – Lösungen

Staaten

1. *Russland*
2. *Ukraine*
3. *Frankreich*
4. *Spanien*
5. *Schweden*
6. *Deutschland*
7. *Finnland*
8. *Norwegen*
9. *Polen*
10. *Italien*
11. *Großbritannien*
12. *Rumänien*
13. *Weißrussland*
14. *Griechenland*
15. *Bulgarien*
16. *Island*
17. *Serbien u. Montenegro*
18. *Ungarn*
19. *Portugal*
20. *Österreich*

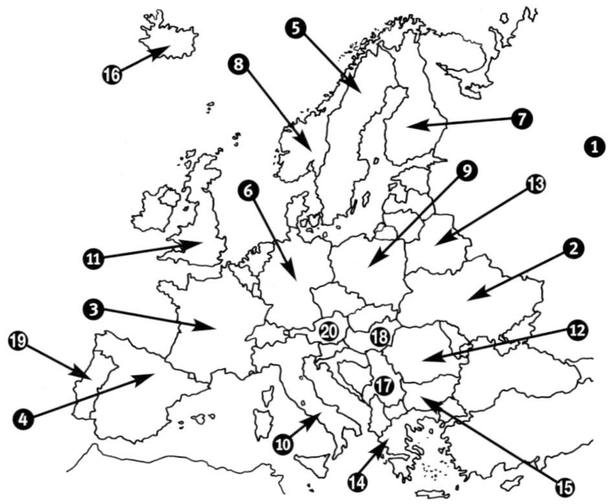

Hauptstädte

1. *Reykjavik*
2. *Oslo*
3. *Stockholm*
4. *Helsinki*
5. *Dublin*
6. *London*
7. *Brüssel*
8. *Paris*
9. *Bern*
10. *Madrid*
11. *Lissabon*
12. *Rom*
13. *Prag*
14. *Wien*
15. *Budapest*
16. *Belgrad*
17. *Sofia*
18. *Bukarest*
19. *Warschau*
20. *Moskau*

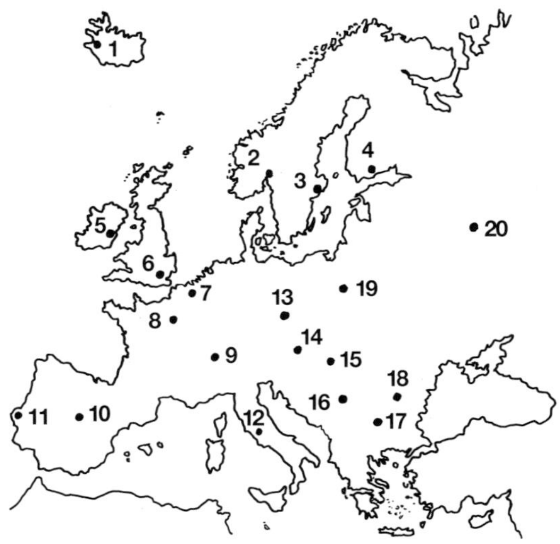

Inseln

1. *Irland*
2. *Sizilien*
3. *Sardinien*
4. *Korsika*
5. *Kreta*
6. *Seeland*
7. *Euböa*
8. *Mallorca*
9. *Gotland*
10. *Fünen*

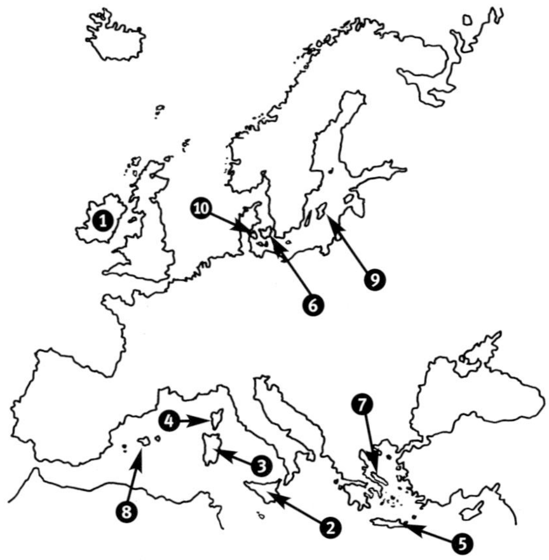

Erdkunde abwechslungsreich und spannend!

Kopiervorlagen und Unterrichtsideen für Erdkunde

Bergedorfer®

Erik Dinges

Grundwissen Erdkunde

Naturgewalten
5.–7. Schuljahr

51 Kopiervorlagen, DIN A4
Best.-Nr. **2493**

Donner, Blitz, Vulkanausbrüche, Erdbeben …

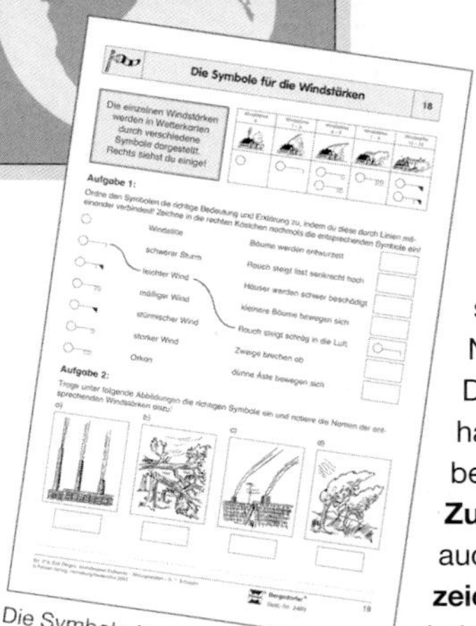

Die Symbole für die Windstärken

Mit diesen Materialien können Schülerinnen und Schüler der 5.–7. Jahrgangsstufe die **Entstehung von Naturgewalten** nachempfinden und sich der Bedrohung des Menschen durch die Kräfte der Natur bewusst werden. Durch abwechslungsreiche, handlungsorientierte Aufgaben wie **Lückentexte und Zuordnungsaufgaben** oder auch **Infotexte** und **Schemazeichnungen** erhalten die Schülerinnen und Schüler einen umfassenden Überblick. Dabei wird auch der Einfluss des Menschen auf das Klima und der Einsatz von Vorsorge- und Schutzmaßnahmen gegen Naturkatastrophen berücksichtigt. Die **Experimente** des Lehrgangs und der Sach- und Machkartei geben Ihrer Klasse Gelegenheit, die **Naturvorgänge praktisch nachzuvollziehen**.

Aus dem Inhalt:

Teil 1: Der Lehrgang
- Vulkane, Erdbeben
- Sonne, Niederschläge, Winde
- Lawinen
- Gewitter und Gezeiten

Teil 2: Die Sach- und Machkartei
- Wasser hat „Sprengkraft"
- „Die wandernde Düne"
- „Es blitzt"

Friedhelm Heitmann

Spielend um die Welt

15 Spielideen für den Erdkundeunterricht

96 Seiten, DIN A4, kartoniert
Best.-Nr. **3812**

Erdkundespiele für pfiffige Köpfe mit Fantasie!
Ihre Schülerinnen und Schüler reisen gedanklich um die Welt und das notwendige Wissen prägt sich dabei fast von selbst ein.
Durch den Spielcharakter wird schnell die **größtmögliche Motivation** erreicht.
Zu vielen Spielen gibt es im Anhang **Blankovorlagen**, mit denen Sie leicht andere Themen oder zusätzliche Inhalte in die Sammlung aufnehmen können.

Aus dem Inhalt:

- Erdkunde-Führerschein
- Kartenzeichen-Memory
- Erdkunde-Kniffel
- Die fehlerhafte Karte
- Erdkunde-Rallye

u. v. m.

Persen **Bestellcoupon** Persen

Ja, bitte senden Sie mir/uns mit Rechnung

____ Expl. ____________________ Best.-Nr. ______

____ Expl. ____________________ Best.-Nr. ______

____ Expl. ____________________ Best.-Nr. ______

____ Expl. ____________________ Best.-Nr. ______

☐ Ja, bitte schicken Sie mir kostenlos Ihren aktuellen Gesamtkatalog zu.

Bestellen Sie bequem direkt bei uns!
Tel.: 0 41 61 / 7 49 60-40
Fax: 0 41 61 / 7 49 60-50
E-Mail: info@persen.de

Bitte kopieren und einsenden an:

Persen Verlag GmbH
Postfach 1656
D-21606 Buxtehude

Meine Anschrift lautet:

Name/Vorname

Straße

PLZ/Ort

Datum/Unterschrift

E-Mail

Geschichte hautnah erleben!

Bergedorfer® Kopiervorlagen für Ihren Geschichtsunterricht

Winfried Röser

Geschichte 1

Von der Urzeit bis zum Mittelalter

7. bis 10. Schuljahr

54 Kopiervorlagen, DIN A4
Best.-Nr. **2384**

Ihre Geschichtsstunden sind alles andere als langweilig! Denn Sie leiten Ihre Schülerinnen und Schüler zu selbstständigem Arbeiten an. Das ist mit den handlungsorientierten Aufgaben in dieser Mappe kein Problem. Sie eignen sich besonders zur Erweiterung und Vertiefund des Gelernten – parallel zu jedem eingeführten Schulbuch!
Selbstständigkeit wird in Ihrem Unterricht ganz groß geschrieben!

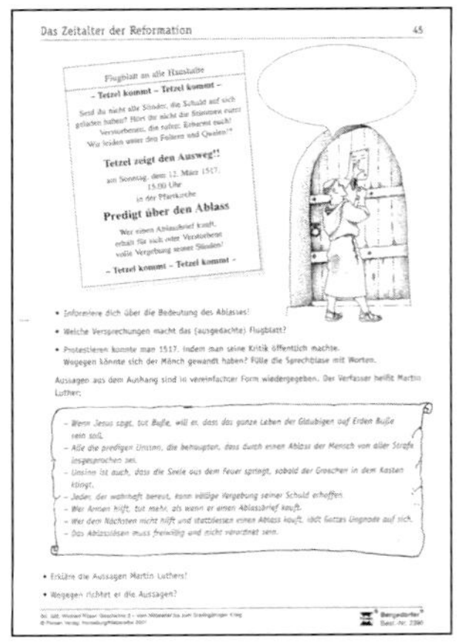

Winfried Röser

Geschichte 2

Vom Mittelalter bis zum Dreißigjährigen Krieg

7. bis 10. Schuljahr

59 Kopiervorlagen, DIN A4
Best.-Nr. **2385**

Wie wäre es mit einem Ausflug direkt ins Mittelalter? Mit dieser Kopiervorlagensammlung haben Sie einen ausgezeichneten Reiseführer zur Hand! Sie vermitteln Ihren Schülerinnen und Schülern das Leben der Mönche im Kloster und den Alltag in einer mittelalterlichen Stadt. Und spüren den Schrecken der Hexenverfolgung und der Angst vor der Pest nach.
Jetzt steht Ihrem zeitgemäßen und handlungsorientierten Unterricht nichts mehr im Weg!

Winfried Röser

Geschichte 3

Vom Absolutismus bis zum Deutschen Kaiserreich

7. bis 10. Schuljahr

59 Kopiervorlagen, DIN A4
Best.-Nr. **2386**

Setzen Sie auf die Vorstellungskraft Ihrer Schülerinnen und Schüler! Von den Aufständen der Französischen Revolution über den Aufstieg und Sturz Napoleons bis hin zur Ernennung Bismarcks zum preußischen Ministerpräsidenten – mit diesen Arbeitsblättern decken Sie alle wichtigen Themen ab. Interessante Aufgaben und Rätsel fordern zur Selbstständigkeit auf und kommen immer gut an.
Eine perfekte Ergänzung zu jedem eingeführten Schulbuch!

Winfried Röser

Geschichte 4

Vom Ersten Weltkrieg bis zur Entstehung der beiden deutschen Staaten

7. bis 10. Schuljahr

57 Kopiervorlagen, DIN A4
Best.-Nr. **2387**

Wie kam es zum Ausbruch des Ersten Weltkrieges? Warum scheiterte die Weimarer Republik? Wie schafften es die radikalen Parteien, die Begeisterung der Bevölkerungsmassen zu mobilisieren? Diese und noch viele weitere Fragen werden im historischen Kontext behandelt und fordern Ihre Schüler/-innen zu selbstständigem Lernen und Arbeiten auf. Mithilfe zahlreicher Arbeitsblätter mit Rätseln, Aufgaben, Materialien und Anregungen zum Thema erarbeiten sich Ihre Schüler/-innen die wichtigen Grundkenntnisse der jüngeren deutschen Geschichte.
So legen Sie die Grundlage für einen modernen Geschichtsunterricht.

Bestellcoupon

Ja, bitte senden Sie mir/uns mit Rechnung

____ Expl. ________________________ Best.-Nr. ______

____ Expl. ________________________ Best.-Nr. ______

____ Expl. ________________________ Best.-Nr. ______

____ Expl. ________________________ Best.-Nr. ______

☐ Ja, bitte schicken Sie mir kostenlos Ihren aktuellen Gesamtkatalog zu.

Bestellen Sie bequem direkt bei uns!
Tel.: 0 41 61 / 7 49 60-40
Fax: 0 41 61 / 7 49 60-50
E-Mail: info@persen.de

Bitte kopieren und einsenden an:

Persen Verlag GmbH
Postfach 1656
D-21606 Buxtehude

Meine Anschrift lautet:

Name/Vorname

Straße

PLZ/Ort

Datum/Unterschrift

E-Mail